CHIENS
du monde

CHIENS du monde

Joan Palmer

**Traduction et adaptation
Bruno Porlier**

Broquet

97-B, Montée des Bouleaux
Saint-Constant, Qc, J5A 1A9
Tél.: (450) 638-3338 Fax: (450) 638-4338
www.broquet.qc.ca / Courriel: info@broquet.qc.ca

UN LIVRE DE QUARTO

CATALOGAGE AVANT PUBLICATION DE BIBLIOTHÈQUE ET ARCHIVES CANADA

Palmer, Joan

   Chiens du monde

   Traduction de: The dog breed handbook.

   Comprend un index.

   ISBN 2-89000-746-4

   1. Chiens. 2. Chiens - Races. 3. Chiens - Ouvrages illustrés. I. Titre.

   SF426.P3414 2005   636.7   C2005-941998-9

POUR L'AIDE À LA RÉALISATION DE SON PROGRAMME ÉDITORIAL, L'ÉDITEUR REMERCIE :
Le Gouvernement du Canada par l'entremise du Programme d'Aide au Développement de l'Industrie de l'Édition (PADIÉ) ; La Société de Développement des Entreprises Culturelles (SODEC) ; L'Association pour l'Exportation du Livre Canadien (AELC).
Le Gouvernement du Québec - Programme de crédit d'impôt pour l'édition de livres - Gestion SODEC.

Cet ouvrage est paru sous le titre original *The Dog Breed Handbook*
© 1995, 2005 Quarto Inc., pour l'édition originale
© 2006, Édition Nathan, Paris, France, pour la traduction et l'adaptation française

Édition originale
Responsable éditoriale :
Michelle Rickering
Responsable maquette : *Anna Knight*
Maquettiste : *Penny Dawes*
Directrice artistique adjointe : *Penny Cobb*
Photographe : *Paul Forrester*
Directrice artistique : *Moira Clinch*
Éditeur : *Piers Spence*

Pour le Québec
Copyright © Ottawa 2006
Broquet inc.
Dépôt légal — Bibliothèque nationale du Québec
1er trimestre 2006

ISBN : 2-89000-746-4

Imprimé en Chine

Sommaire

Introduction	**8**
Les races et leur classification	10
Les groupes de races	12
Conformation et terminologie	14
La tête	15
Les oreilles	16
Les yeux	17
La queue	18
Les robes	19
Choisir son chien	20
Toiletter et soigner son chien	22
Les races d'agrément	**24**
Bulldog ou Bouledogue anglais	26
Bouledogue français	28
Terrier de Boston	29
Dalmatien	30
Schnauzer moyen	31
Schnauzer géant	32
Schnauzer nain	33
Schipperke	34
Spitz-Loup	36
Spitz finlandais	37
Spitz allemand	38
Spitz japonais	39
Chow-Chow	40
Shiba	42
Shar-Pei	43
Shih-Tzu	44
Lhasa-Apso	45

Épagneul tibétain 46
Terrier tibétain 47
Bichon à poil frisé 48
Caniche moyen 49
Caniche nain 50
Caniche miniature 51

Les races de travail 52
Mastiff 54
Dogue du Tibet 55
Bullmastiff 56
Dogue allemand 57
Boxer allemand 58
Doberman 59
Komondor 60
Chien de Canaan 61
Rottweiler 62
Leonberg 63
Chien d'eau portugais 64
Akita 65
Chien de la Serra Estrela 66
Chien de montagne des Pyrénées 67
Bouvier bernois 68
Saint-Bernard 69
Chien Esquimau du Canada 70
Malamute d'Alaska 71
Samoyède 72
Siberian Husky 73

Les chiens de berger et de bouvier 74
Terre-Neuve 76
Grand Bouvier suisse 78
Bouvier appenzellois 79
Hovawart 80
Chien de la Maremme
et des Abruzzes 81
Bouvier des Flandres 82
Bearded Collie 84
Border Collie 85
Bobtail 86
Berger des Shetland 87
Colley à poil court 88
Colley à poil long 89
Hungarian Puli 90
Berger de Brie 91
Bouvier australien 92
Lancashire Heeler 93
Buhund norvégien 94
Vallhund suédois 95
Welsh Corgi Pembroke 96
Welsh Corgi Cardigan 97
Berger d'Anatolie 98
Berger allemand 99
Bergers belges 100

Les chiens de chasse — 102

Retriever du Labrador — 104
Golden Retriever — 105
Retriever à poil bouclé — 106
Retriever à poil plat — 107
Retriever de la baie
de Chesapeake — 108
Retriever de la Nouvelle-Écosse — 110
Clumber Spaniel — 111
Cocker américain — 112
Cocker anglais — 114
Springer gallois — 115
Springer anglais — 116
Chien d'eau
irlandais — 118
Sussex Spaniel — 119
Field Spaniel — 120
Setter anglais — 122
Setter Gordon — 123
Setter irlandais rouge — 124
Setter irlandais
rouge et blanc — 125
Épagneul breton — 126
Pointer — 127
Braque allemand à poil court — 128
Chien d'arrêt allemand à poil dur — 129
Braque de Weimar — 130
Braque hongrois à poil court — 131
Chien hollandais de canardière — 132
Chien d'arrêt italien à poil dur — 133
Épagneuls de Münster — 134

Les chiens courants et les lévriers — 136

Chien du Pharaon — 138
Podenco d'Ibiza — 140
Basenji — 141
Hamiltonstövare — 142
Chien de Saint-Hubert — 143
Chien à loutre — 144
Chien courant italien — 146
Rhodesian Ridgeback — 147
Grand Griffon vendéen — 148
Petit Basset Griffon vendéen — 149
Chiens courants suisses — 150
Chien courant du Jura — 151
Basset-Hound — 152
Beagle — 153
Basset fauve de Bretagne — 154
Grand Bleu de Gascogne — 155
Teckels — 156
Greyhound — 158
Whippet — 159
Deerhound ou lévrier écossais — 160
Wolfhound ou lévrier irlandais — 161
Saluki — 162
Barzoï — 163
Chien d'élan norvégien — 164
Lévrier afghan — 165

Les terriers 166

Bull-Terrier 168
Bull-Terrier miniature 169
Bull-Terrier du Staffordshire 170
Airedale-Terrier 172
Bedlington-Terrier 173
Fox-Terrier à poil lisse 174
Fox-Terrier à poil dur 175
Terrier irlandais 176
Kerry Blue-Terrier 177
Glen of Imaal-Terrier 178
Soft-coated Wheaten-Terrier 179
Lakeland-Terrier 180
Terrier de Manchester 181
Parson Russell-Terrier 182
Border-Terrier 183
Terrier gallois 184
Cairn-Terrier 185
Terrier du Norfolk 186
Terrier de Norwich 187
Dandie Dinmont-Terrier 188
Terrier écossais 189
Terrier de Sealyham 190
Terrier de Skye 191
West-Highland White Terrier 192
Terrier tchèque 194
Terrier australien 195

Les races miniatures 196

Affenpinscher 198
Bichon maltais 199
Petit Chien-Lion 200
Griffon bruxellois 201
Toy-Terrier anglais 202
Terrier du Yorkshire 203
Australian Silky-Terrier 204
Carlin 206
Loulou de Poméranie 207
Épagneul nain continental 208
Pékinois 209
Épagneul japonais 210
King-Charles 212
Cavalier King-Charles 213
Chihuahua 214
Petit lévrier italien 216
Pinscher nain 217
Chien chinois à crête 218

Index 220
Remerciements 224

Introduction

L'homme et le chien entretiennent, de très longue date, une relation particulière. Qu'il s'agisse du puissant Saint-Bernard lancé au secours des montagnards dans les Alpes suisses ou des Pékinois dorlotés de la cour impériale chinoise, cela fait des millénaires qu'ils nous gratifient de leur compagnie et de leur amour et nous font profiter de leurs aptitudes uniques à de nombreuses tâches.

Tous les chiens sont beaux à leur manière propre, et la grande diversité des races existant de nos jours permet à l'amoureux des chiens de trouver l'animal qui lui convient. Il faut toutefois se souvenir que chaque race possède ses caractéristiques – aspect, mensurations, tempérament – et qu'il importe de réunir le plus d'informations possible sur les différentes races pour faire le bon choix. Souvenez-vous que l'aspect peut être trompeur : il y a de gros chiens d'allure impressionnante qui sont de doux géants, et de petites races réputées pour leur mauvais caractère.

Le but de ce livre est de présenter les caractères de plus de 160 races afin de vous aider à faire votre choix parmi celles-ci. Si vous le faites avec attention, votre relation avec votre futur compagnon sera heureuse et durable.

Les chiens de concours

Les premières races qui furent développées par élevage sélectif l'ont été dans un but spécifique : il s'agissait alors de produire de bons gardiens de troupeaux ou de bons auxiliaires de chasse. Vers le milieu du XIXe siècle, l'intérêt pour les chiens d'agrément se développa, et une classification des races devint nécessaire. Chaque race est donc rangée, par les instances cynologiques, dans un groupe spécifique en fonction de la tâche pour laquelle elle a été créée et de ses caractères physiques. Pour chacune, on a établi un « standard ». Celui-ci définit les caractères d'excellence représentatifs de la race, précisant des traits comme la taille idéale et/ou le poids recherché, les couleurs désirées, les points de conformation, etc.

On ne peut jamais être tout à fait certain, lorsqu'on achète un chiot, qu'il deviendra un bon sujet de concours, celui-ci ne révélant généralement son véritable potentiel qu'au terme de plusieurs mois. Toutefois, une bonne connaissance des différents caractères requis pour la race et un choix attentif des géniteurs devraient permettre de réduire considérablement les risques de déconvenues.

Le Petit Chien-Lion est établi en France et en Espagne depuis le XVIe siècle.

Comment utiliser ce livre

Les besoins en soins et en entretien sont précisés pour chaque race sous la forme d'un tableau (voir ci-dessous).

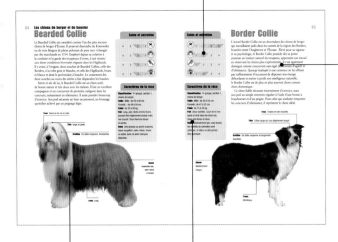

Le texte décrit le passé de la race et comment elle fut développée, précise son caractère et donne quelques conseils sur les soins et l'entretien qu'elle requiert.

Une photo présente la race et les principaux points de conformation sont fléchés et légendés.

Outre la place de l'animal dans la classification de la Fédération cynologique internationale (voir pp. 10-11), l'encadré «Caractères de la race» précise, outre la classification, les mensurations, la nature du poil et les couleurs de robes requises par le standard.

Les soins et l'entretien

Le tableau «Soins et entretien» offre une information visuelle d'un accès immédiat sur les besoins de chaque race. Une échelle de quatre niveaux a été définie, le niveau 1 correspondant aux besoins les plus faibles, le niveau 4 aux besoins les plus élevés.

Soins et entretien

Exercice Indique la quantité de dépense physique requise par la race

Alimentation Précise la quantité de nourriture dont elle a besoin

Brossage Indique la quantité de brossage et de toilettage nécessaire

Espace Permet d'estimer l'espace nécessaire à la race

Le Pinscher nain est un compagnon idéal pour la famille, qui ne demande que peu d'exercice et dont les besoins en entretien, en espace et en nourriture sont réduits.

Les races et leur classification

Les races de chiens sont réparties en différents groupes selon une nomenclature établie. Celle-ci constitue une aide de première importance, non seulement pour le classement des concurrents lors des concours canins, mais aussi pour le futur maître à la recherche de l'animal idéal, chien de compagnie, de chasse ou de garde.

Depuis les premières tentatives effectuées par Buffon ou Cuvier, la classification cynologique a beaucoup évolué. À l'échelon mondial, trois organismes font autorité dans ce domaine. Le plus ancien, fondé en 1873, est le Kennel Club britannique, qui reconnaît à l'heure actuelle 196 races. Le Kennel Club américain en admet quant à lui 157.

Mais de nos jours, une majorité de pays (80 exactement), dont la France, se rallient à la bannière de la Fédération cynologique internationale (FCI), née en 1911. Cette dernière est divisée en cinq grandes régions : Europe, Amérique latine et Caraïbes, Asie, Afrique, Australie et Nouvelle-Zélande.

La nomenclature utilisée par la Fédération cynologique internationale doit beaucoup à la Société centrale canine française (SCC), et en particulier au professeur R. Triquet qui, face aux imperfections de la précédente classification, établie uniquement en fonction de l'utilisation des races, proposa en 1979 une nouvelle répartition répondant mieux aux rigueurs scientifiques. Celle-ci fut adoptée par la FCI en 1987, après de longues et nombreuses discussions d'experts. Depuis cette date, elle a fait l'objet de quelques « retouches » et reconnaît aujourd'hui 332 races différentes, dont beaucoup sont peu connues, voire inconnues, en dehors de leur pays d'origine.

S'il est vrai qu'elle risque encore de subir des modifications de détail – dont certaines peuvent parfois soulever des contestations –, on peut considérer désormais cette nomenclature comme définitive dans ses grandes lignes. Elle reste donc d'une aide précieuse pour le lecteur et c'est pourquoi nous nous y référerons tout au long de cet ouvrage.

Groupe 1

Section 1 : Chiens de berger
Section 2 : Chiens de bouvier (sauf chiens de bouvier suisses)

Groupe 2

Section 1 : Type Pinscher et Schnauzer
    1.1 Pinscher
    1.2 Schnauzer
    1.3 Smoushond
    1.4 Tchiorny Terrier
Section 2 : Molossoïdes
    2.1 Type dogue
    2.2 Type montagne
Section 3 : Chien de montagne et de bouvier suisses
Section 4 : Autres races

Groupe 3

Section 1 : Terriers de grande et moyenne taille
Section 2 : Terriers de petite taille
Section 3 : Terriers de type bull
Section 4 : Terriers d'agrément

Groupe 4

Section 1 : Dachshunds (teckels)

Groupe 5

Section 1 : Chiens nordiques de traîneau
Section 2 : Chiens nordiques de chasse
Section 3 : Chiens nordiques de garde
et de berger
Section 4 : Spitz européens
Section 5 : Spitz asiatiques et races
apparentées
Section 6 : Type primitif
Section 7 : Type primitif – chiens de chasse
Section 8 : Chiens de chasse de type primitif
avec un épi linéaire sur le dos

Groupe 6

Section 1 : Chiens courants
    1.1 Chiens courants de grande
    taille
    1.2 Chiens courants de taille
    moyenne
    1.3 Chiens courants de petite taille
Section 2 : Chiens de recherche au sang
Section 3 : Races apparentées

Groupe 7

Section 1 : Chiens d'arrêt continentaux
    1.1 Type braque
    1.2 Type épagneul
    1.3 Type griffon
Section 2 : Chiens d'arrêt britanniques
et irlandais
    2.1 Pointer
    2.2 Setter

Groupe 8

Section 1 : Rapporteurs de gibier
Section 2 : Chiens leveurs de gibier
et broussailleurs
Section 3 : Chiens d'eau

Groupe 9

Section 1 : Bichons et apparentés
    1.1 Bichons
    1.2 Coton de Tuléar
    1.3 Petit Chien-Lion
Section 2 : Caniches
Section 3 : Chiens belges de petit format
    3.1 Griffons
    3.2 Petit Brabançon
Section 4 : Chiens nus
Section 5 : Chiens du Tibet
Section 6 : Chihuahueño (Chihuahua)
Section 7 : Épagneuls anglais d'agrément
Section 8 : Épagneuls japonais et pékinois
Section 9 : Épagneul nain continental
Section 10 : Kromfohrländer
Section 11 : Molossoïdes de petit format

Groupe 10

Section 1 : Lévriers à poil long ou frangé
Section 2 : Lévriers à poil dur
Section 3 : Lévriers à poil court

Les groupes de races

Nous avons regroupé les races traitées dans cet ouvrage dans sept catégories faisant chacune l'objet d'un chapitre. Ces catégories ne correspondent pas à la classification officielle de la Fédération cynologique internationale (voir pp. 10-11), quoiqu'elles la recoupent souvent. Elle nous a permis un classement pratique et équilibré, mieux adapté aux besoins de cet ouvrage, par ailleurs d'un accès facile au non-initié. Quoi qu'il en soit, le lecteur trouvera, pour chaque race abordée, dans l'encadré Caractères de la race, le rappel de sa classification officielle par la FCI.

Les races d'agrément

Ces chiens ont pu, dans le passé, assurer certaines tâches mais, pour l'essentiel, n'ont plus aujourd'hui pour seul rôle que celui d'animaux de compagnie. Ici, le choix est large, depuis le très vif Dalmatien, qui accompagnait jadis les voitures attelées, jusqu'au plus casanier Bouledogue français, en passant par des races comme le Chow-Chow, représenté ci-contre.

Les races de travail

Il s'agit des traditionnels chiens de garde et de travail – chiens de sauvetage, de trait, ou militaires, comme le Rottweiler (ci-dessus). Nés pour servir, protecteurs par nature, ignorant souvent la peur, ils ne se montrent jamais plus heureux que lorsqu'ils peuvent assurer la tâche pour laquelle ils ont été élevés. Mais il leur faut un environnement où leurs aptitudes pourront s'exercer pleinement.

Les chiens de berger et de bouvier

Ces chiens furent développés à l'origine pour rassembler et protéger les troupeaux de moutons (comme le Berger allemand ci-dessus) ou de bovins (bouviers). Beaucoup sont encore employés dans les fermes, mais ils se sont parfaitement adaptés au rôle de chiens de compagnie, reportant souvent leur attention sur la famille, qu'ils ont tendance à vouloir maintenir rassemblée.

Les chiens de chasse

On regroupe sous cette dénomination des races comme les pointers, retrievers (ici un Golden Retriever) ou les épagneuls, ayant pour fonctions diverses de repérer, débusquer et rapporter le gibier. Généralement d'un caractère doux, beaucoup assument le double rôle de chiens de chasse et de compagnie.

Les chiens courants et les lévriers

Parmi les chiens courants figurent des races comme le Saint-Hubert, les bassets, le Beagle (ci-dessus), qui chassent à l'odorat. Beaucoup sont élevés en meutes dans des chenils plutôt qu'en intérieur. Les lévriers (Greyhound, Saluki, etc.), quant à eux, utilisent leur excellente vue et leur capacité à la course. Ces chiens font preuve d'une bonne nature mais ont une propension au vagabondage.

Les terriers

Ces chiens ont été élevés à l'origine pour pénétrer dans les terriers d'où ils chassaient les mustélidés et les renards. Sportifs, pleins d'énergie, vifs et parfois bruyants, la plupart sont affectueux par nature. Le West-Highland WhiteTerrier, ou Westie (ci-dessus), est une race amicale et très populaire.

Les toys ou races miniatures

Il ne faut pas se laisser tromper par leur allure de « chien-chien-à-sa-mémère » ; beaucoup de races toy, comme le Loulou de Poméranie ci-dessus, sont capables de susciter l'admiration si on leur en donne l'occasion. La plupart sont de remarquables chiens de garde, intelligents, affectueux, possessifs mais courageux, parfois jusqu'à la stupidité.

Conformation et terminologie

D'une race à l'autre, l'aspect physique des chiens peut varier considérablement. De nombreuses races nouvelles s'étant développées au cours du temps, continuant d'apparaître et étant progressivement incluses dans la nomenclature officielle, il s'est avéré nécessaire d'adopter une terminologie standardisée, applicable à la description de sujets de toute origine.

Pour un œil inexpérimenté ou celui qui achète un chien de race pure dans le seul but d'en faire un compagnon de tous les jours, des différences mineures par rapport au « standard » peuvent être sans importance. En concours, en revanche, où chaque sujet doit être représentatif de son type, le moindre détail compte. La terminologie spéciale utilisée de nos jours a été créée pour prendre en compte tous les aspects du physique et de la conformation de ces animaux et constitue pour tout un chacun, une lecture intéressante.

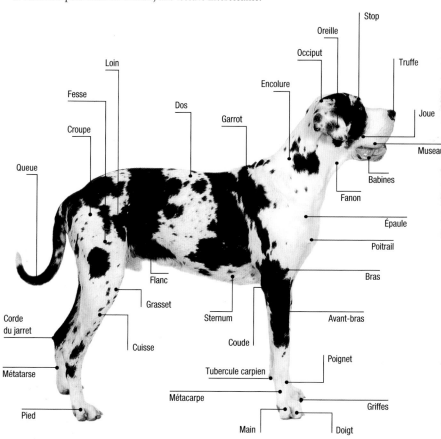

Stop

Oreille

Occiput

Truffe

Loin

Encolure

Joue

Fesse

Dos

Garrot

Croupe

Museau

Queue

Babines

Fanon

Épaule

Poitrail

Flanc

Bras

Grasset

Corde
du jarret

Sternum

Avant-bras

Cuisse

Coude

Métatarse

Poignet

Tubercule carpien

Griffes

Métacarpe

Pied

Doigt

Main

La tête

Il existe trois grands types de têtes – médioligne, bréviligne et longiligne – définissant la structure de base du crâne, et de nombreux sous-types.

Médioligne
Proportions moyennes dans toutes ses parties (Chien d'eau irlandais).

Bréviligne
Tête courte, à face aplatie, avec boîte crânienne arrondie (Pékinois).

Longiligne
Tête longue et étroite, avec boîte crânienne peu développée (Barzoï).

Tête à lignes pures
Lisse, sans replis ni protubérances (Golden Retriever).

Bien proportionnée
Crâne et museau de longueur égale, (Springer anglais).

Rectangulaire
Sommet un peu arrondi (West-Highland White Terrier).

Forte
Structure carrée ou cubique (Bull-Terrier du Staffordshire).

En poire
Crâne étroit et arrondi, museau effilé et stop absent (Bedlington-Terrier).

En pomme
Globalement arrondie (Chihuahua).

Ovoïde
Sans dépressions depuis le crâne jusqu'à la truffe (Bull-Terrier).

Tête de loutre
Crâne plat et court et museau épais (Border-Terrier).

Tête de renard
Museau court et pointu, oreilles dressées et pointues (Schipperke).

Les oreilles

Les oreilles sont décrites en fonction de leur morphologie et de leur port. Dans certains pays, elles sont coupées chez certaines races pour des raisons esthétiques, afin généralement de leur donner un port dressé.

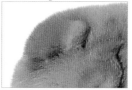

Triangulaire
Petites, dressées et en triangle, penchées vers l'avant (Chow-Chow).

De chauve-souris
Dressées, larges à la base, arrondies à l'extrémité (Bouledogue français).

En bouton
Pavillon en partie replié vers l'avant (Terrier irlandais).

En amande
En forme d'amande (Bedlington-Terrier).

Semi-tombantes
L'extrémité pend vers l'avant (Berger des Shetland).

Tombantes
Long pavillon replié vers l'avant ou pendant (Cocker).

Dressées
Dressées et généralement pointues (Berger allemand).

Plates
Triangulaires, arrondies, rabattues vers l'avant (Beagle).

En cœur
Oreilles en forme de cœur (Pékinois).

Oreilles en V
Généralement en position tombante (Braque hongrois).

En rose
Petites, tombantes, repliées vers l'arrière (Carlin).

Les yeux

La terminologie caractérisant les yeux est, elle aussi, basée sur leur forme et leur implantation dans le crâne. Celle-ci affecte le champ de vision du chien.

Exorbités
Ronds et protubérants (Griffon bruxellois).

Arrondis
Yeux dont la forme se rapproche d'un cercle (Fox-Terrier à poil lisse).

Ovales
Obliques selon une ligne joignant l'oreille au museau (Teckel nain à poil dur).

Porcins
Yeux très petits et durs (Carlin).

En amande
En forme d'amande (Berger allemand).

Globuleux
Aspect proéminent mais non exorbités vus de profil (Chihuahua).

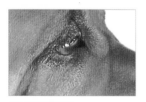

Type Saint-Hubert
Yeux dont la paupière inférieure est pendante, laissant apparaître la membrane nictitante rouge foncé (Saint-Hubert). Il s'agit d'un défaut chez certaines races.

Triangulaires
Yeux entourés d'une tache sombre de forme triangulaire (Lévrier afghan).

Profonds
Yeux bien enfoncés dans leurs orbites (Chow-Chow).

La queue

Elle est décrite en fonction de sa longueur, sa forme et sa position. Dans certains pays, la queue de certaines races est coupée pour réduire les risques de blessures ou donner un aspect plus agressif.

Fouet en drapeau
Queue longue et portée haut (Beagle).

Fouet en chandelle
*Queue pointue portée droite et raide
(Bull-Terrier).*

Queue de loutre
*Large à la base, ronde et s'effilant
vers l'extrémité (Labrador).*

En dague
*Courte et épaisse, s'effilant
rapidement (Lakeland-Terrier).*

En faucille
*Queue portée relevée en un large
demi-cercle (Affenpinscher).*

En manivelle
*Portée bas et en forme de manivelle
(Chien courant italien à poil court).*

Touffue
*Queue fournie comme celle
d'un renard (Malamute d'Alaska).*

Ramenée sur le dos
*Portée relevée et penchée vers l'avant
(Chow-Chow).*

Anoure
*Naturellement dépourvu de queue
ou queue très écourtée (Bobtail).*

Cassée
*Queue fortement recourbée (Lhassa-
Apso).*

Enroulée
*Enroulée sur la colonne vertébrale
ou sur un côté (Spitz finlandais).*

En tire-bouchon
*Queue naturellement courte et vrillée
en spirale (Bouledogue français).*

Les robes

Selon la race, le standard peut permettre une grande variété de couleurs de robe, ou, au contraire, une gamme très restreinte, voire une robe unique.

Rouan
(Welsh Corgi Cardigan)

Particolore
(Vallhund suédois)

Belton
(Setter anglais)

Grise
(Bobtail)

Pie
(Dalmatien)

Bringée
(Greyhound)

Tricolore
(Beagle)

Blé mûr
(Soft-Coated Wheaten-Terrier)

Bleue
(Basset bleu de Gascogne)

Rousse
(Setter irlandais)

Noire et feu
(Hamiltonstövare)

Harlequin
(Dogue allemand)

Choisir son chien

Devenir le propriétaire d'un chien est une décision sérieuse. Il s'agit d'un engagement à long terme, sachant que la durée de vie moyenne d'un chien est de douze ans et que certaines races, comme le Caniche nain, par exemple, peuvent vivre dix-sept ans ou plus. Pendant toutes ces années, il va falloir nourrir l'animal, lui faire prendre de l'exercice, le toiletter et entretenir son poil, lui faire prodiguer des soins vétérinaires. Au moment de la décision, il importe de tenir compte de tout cela, ainsi que de votre mode de vie : comment vous organiserez-vous si vous absentez fréquemment plus de quelques heures d'affilée ?

Lorsqu'on vit en couple, il importe avant tout que la décision d'acquérir un chien, de même que le choix de sa race, soient approuvées par les deux partenaires. Il est préférable, en effet, que l'un n'impose pas un gros chien de chasse à l'autre, qui rêvait peut-être secrètement d'un Pékinois. En second lieu, gardez-vous de choisir votre futur compagnon sur sa seule mine. Assurez-vous toujours que ses capacités, son caractère et ses besoins correspondent bien au rôle que vous lui réservez et aux conditions de vie que vous lui offrirez. Ainsi, votre choix variera selon que vous vivez en appartement ou dans une maison individuelle, à la ville ou à la campagne. Et dans le cas d'un sujet de grande taille, puissant et qui a besoin de se dépenser, il faut absolument être sûr de posséder la force physique nécessaire pour pouvoir le maîtriser.

L'étude préalable des groupes canins permet donc de restreindre son choix à un certain nombre de

L'alimentation

Le coût des dépenses en nourriture doit jouer un rôle dans votre choix. Ayez à l'esprit que les grandes races et les chiens de travail sont d'un entretien beaucoup plus coûteux, en termes de nourriture, que les races plus petites.

Viande en conserve

Croquettes sèches complètes

Viande fraîche

Croquettes moelleuses

Mélange pour chiots

Biscuits pour chien

Peau à mastiquer

Bâtonnets à mastiquer

Friandises vitaminées

races figurant dans la catégorie la mieux adaptée à ses besoins. Il n'est pas difficile, par exemple, de trouver plusieurs races capables de combiner avec bonheur le rôle de chien de chasse ou de garde et celui de chien de compagnie pour la famille, ou qui puissent être installées en chenil, sachant que beaucoup de grandes races à pelage épais peuvent très bien vivre en permanence à l'extérieur.

Vérifier l'état de santé d'un chiot

Afin de vous assurer, avant l'achat, que le chiot de votre choix est en bonne santé, effectuez les contrôles suivants.

Le corps Soulevez le chiot et assurez-vous qu'il se laisse faire et ne montre pas de signes de douleurs ; son corps doit être ferme et détendu.

Les oreilles Soulevez le pavillon des oreilles et assurez-vous que le canal auditif est sec et propre.

La bouche Ouvrez-lui doucement la bouche et vérifiez que la langue et les gencives soient roses.

Les yeux Ils doivent être clairs et brillants et ne doivent présenter aucune coulure.

Le poil Passez votre main sur le poil pour détecter d'éventuelles blessures ou la poussière noire due aux puces.

La queue Soulevez la queue pour vous assurer que l'animal ne présente aucune trace de diarrhée.

Toiletter et soigner son chien

Chaque race a des besoins différents. Vous pouvez vous renseigner à ce sujet auprès des clubs cynophiles, mais ceux-ci ne sont généralement experts que dans les quelques races qui font l'objet de leur prédilection. Seuls les toiletteurs professionnels pourront vous donner des indications sur les besoins des nombreuses races officiellement reconnues.

Beaucoup de gens ont une préférence, qui pour les chiens à poil long, qui pour ceux à poil ras, voire pour une coloration donnée. Sachez toutefois que les sujets à pelage épais demandent beaucoup plus d'entretien que les autres et que les robes claires, comme celle du Dalmatien, perdront des poils qui se verront immanquablement sur le tapis du salon.

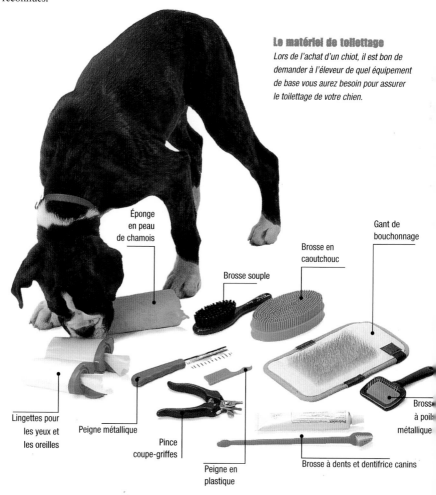

Le matériel de toilettage

Lors de l'achat d'un chiot, il est bon de demander à l'éleveur de quel équipement de base vous aurez besoin pour assurer le toilettage de votre chien.

Éponge en peau de chamois

Gant de bouchonnage

Brosse en caoutchouc

Brosse souple

Brosse à poils métallique

Lingettes pour les yeux et les oreilles

Peigne métallique

Pince coupe-griffes

Peigne en plastique

Brosse à dents et dentifrice canins

Les toilettages spéciaux

En vue des expositions et des concours, certaines races nécessitant des effets de toilettage particuliers devront être traitées à la main, le poil étant démêlé entre les doigts ou à l'aide d'un couteau spécial, tandis que pour de simples sujets de compagnie, il pourra être coupé avec des ciseaux. Les races à poil ras, comme le Staffordshire-Terrier américain, le Coonhound, le Terrier de Boston et le Bouledogue français, ne demanderont qu'un brossage à intervalle d'un jour ou deux, à l'aide d'une brosse à soies courtes et dures. Le Berger allemand, en revanche, ainsi que beaucoup d'épagneuls et de retrievers, nécessitent des entretiens quotidiens avec peigne et brosse dure. Enfin, ceux qui réclament des soins spéciaux, comme l'Airedale-Terrier, le Bichon à poil frisé, les schnauzers et les caniches, ne sauront se passer de visites régulières au salon de toilettage canin. Par conséquent, si votre disponibilité ou vos moyens ne vous le permettent pas, il sera plus avisé de reporter votre choix sur des races à poil court ou ras.

Les soins de santé routiniers

En plus du toilettage, afin de maintenir votre chien dans le meilleur état de santé possible, effectuez les contrôles sur ses oreilles, ses yeux, ses dents et ses griffes.

Les oreilles Contrôlez les oreilles et leur pavillon et assurez-vous qu'elles ne présentent pas de sécrétion de cire ou de mauvaise odeur, qui pourraient indiquer une ulcération. Pour les nettoyer, il existe des lingettes spéciales. Vous pouvez aussi utiliser du coton imbibé d'huile d'olive. Prenez le plus grand soin à ne jamais pénétrer trop profondément dans l'oreille.

Les yeux Vérifiez que les yeux ne présentent pas d'opacité de la cornée, d'inflammation ou ne soient pas humides. Il existe des lingettes spécialement formulées pour nettoyer les sécrétions, fréquentes au coin des yeux. On peut aussi utiliser du coton trempé dans de l'eau tiède.

Les griffes Si votre chien marche beaucoup, ses griffes devraient s'user naturellement. Si ce n'est pas le cas, elles devront être coupées régulièrement avec une pince de vétérinaire tous les trois mois environ. Le vétérinaire assurera cette opération.

Les dents Brossez les dents de votre chien avec du dentifrice canin. Il est bon également de faire vérifier régulièrement sa dentition par un vétérinaire. C'est particulièrement important dans le cas des races naines et toys, qui peuvent perdre leurs dents assez tôt.

Les races d'agrément

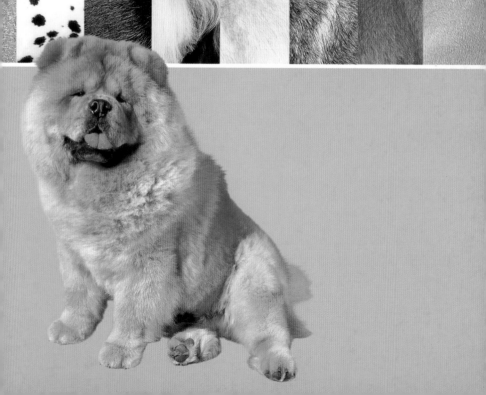

Les races d'agrément

Bulldog ou Bouledogue anglais

La fière lignée du Bulldog remonte au Molosse d'Épire, chien de guerre de l'antique tribu grecque du même nom. Il fut élevé pour combattre les taureaux (*bull*, en anglais, signifie «taureau»). Ce «sport» aurait vu le jour en Grande-Bretagne vers l'an 1204, lorsqu'un membre de la noblesse observa avec amusement des chiens bouchers harceler l'un de ces animaux. Il aurait alors eu l'idée de créer des arènes où seraient organisés des tournois de ce type *(bull-baiting)*. Rapidement, ce divertissement cruel devint populaire et, dans diverses parties de l'Angleterre, d'autres arènes virent le jour, où l'on organisait même des combats de chiens entre eux.

Lorsque le *bull-baiting* fut interdit en 1835, le Bulldog sombra dans l'oubli et fut menacé d'extinction. Heureusement, un certain M. Bill George en perpétua l'élevage et en 1875, naissait le premier club de race, sous le nom de Bulldog Club Incorporated. Il fut suivi en 1891 par la London Bulldog Society, qui tient encore des rencontres annuelles.

Malgré son allure redoutable et sa puissance, le Bulldog a perdu avec le temps l'agressivité dont il faisait preuve jadis. C'est aujourd'hui un chien doux, calme et affectueux qui aime les enfants et constitue un adorable compagnon d'intérieur. Il a également perdu de sa résistance à l'effort et il faut prendre soin, par temps chaud, de ne pas trop le fatiguer. Les soins se limitent à un brossage quotidien.

Les épaules du Bulldog sont larges, inclinées et profondes. Elles sont également très puissantes et musculeuses, donnant l'impression d'avoir été rapportées de chaque côté du corps.

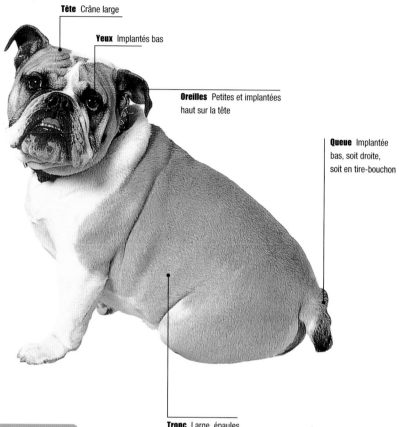

Tête Crâne large

Yeux Implantés bas

Oreilles Petites et implantées haut sur la tête

Queue Implantée bas, soit droite, soit en tire-bouchon

Tronc Large, épaules tombantes

Caractères de la race

Classification 2e groupe, section 2.1, molossoïdes de type dogue.

Poids *Mâle :* environ 25 kg. *Femelle :* environ 23 kg.

Poil Court, serré, doux, présentant une fine texture.

Robe Colorations uniformes ou avec masque ou museau noir : fauve, fauve bringé, pie (avec taches fauves ou fauve bringé). Le noir est indésirable.

Soins et entretien

1 2 3 4

1 2 3 4

1 2 3 4

1 2 3 4

Les races d'agrément

Bouledogue français

Le Bouledogue français est de toute évidence le descendant de bulldogs de petite taille, mais on ignore si ses ancêtres étaient des chiens anglais importés en France ou s'ils venaient d'Espagne. La première hypothèse est la plus communément admise, mais on a découvert sur un chien présentant des caractères semblables à cette race, une ancienne plaque de bronze portant la mention « Dogue de Burgos, España, 1625 ».

Le Bouledogue français est populaire, facile à présenter en concours et fait un délicieux compagnon. Sa bonne nature, son caractère affectueux et courageux s'accommodent bien de la présence de jeunes enfants et d'autres animaux de compagnie. Ses maîtres devront simplement s'accoutumer à ses reniflements, à ses bouderies lorsqu'on le gronde, et veiller à ne pas laisser cours à sa tendance à vagabonder. Cela mis à part, il est facile à entretenir, ne demandant qu'un brossage quotidien et un bouchonnage à l'aide d'un tissu soyeux ou d'une éponge pour faire briller sa robe. Les rides faciales doivent être lubrifiées pour prévenir les irritations.

Soins et entretien

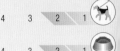

4	3	2	1	🐕
4	3	2	1	🥣
4	3	2	1	🪮
4	3	2	1	🏠

Caractères de la race

Classification 9ᵉ groupe, section 11, molossoïdes de petit format.
Taille De 25 à 35 cm.
Poids De 8 à 14 kg.
Poil Court, doux, serré et présentant une fine texture.
Robe Bringée, pie ou fauve.

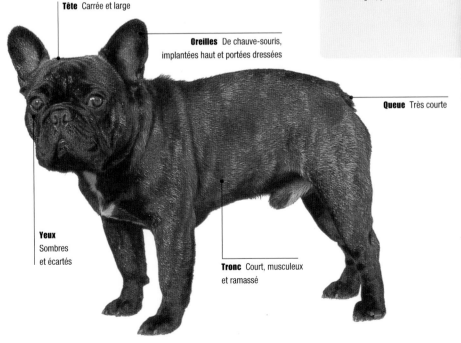

Tête Carrée et large

Oreilles De chauve-souris, implantées haut et portées dressées

Queue Très courte

Yeux Sombres et écartés

Tronc Court, musculeux et ramassé

Terrier de Boston

Le Terrier de Boston, jadis appelé Boston-Bull-Terrier, est né d'un sujet croisé de Bulldog et de Bull-Terrier importé aux États-Unis depuis la Grande-Bretagne en 1865. Barnard's Tom, le premier individu de la race possédant la queue en tire-bouchon, fut élevé à Boston, dans le Massachusetts, et enregistré par l'American Kennel Club en 1893. Comme on le constate, la race tire son nom de la ville où elle a vu le jour.

C'est un chien vif et intelligent, adorable compagnon pour toute la famille. D'entretien facile, il ne nécessite que peu de brossages. Il est toutefois difficile d'obtenir des sujets de concours présentant tous les caractères requis, c'est-à-dire un museau blanc, une marque blanche sur la tête redescendant vers le collier, lequel doit également être blanc ainsi que la poitrine et les membres antérieurs sous le coude.

Soins et entretien

1 2 3 4

1 2 3 4

1 2 3 4

1 2 3 4

Caractères de la race

Classification 9e groupe, section 11, molossoïdes de petit format.

Poids Divisé par catégories : *légers*, moins de 7 kg ; *moyens*, de 7 à 8,5 kg ; *lourds*, de 8,5 à 11 kg.

Poil Court et doux.

Robe Bringée à marques blanches : les bringeures doivent apparaître distinctement sur tout le corps. Robe noire à marques blanches également admise mais la première est préférée.

Tête Carrée, aplatie sur le dessus, avec large mâchoire carrée

Yeux Ronds et écartés

Oreilles Dressées, dans les coins de la tête

Queue Implantée bas

Tronc Poitrail large

Dalmatien

Soins et entretien

Le Dalmatien tire son nom de la Dalmatie, région de la côte Adriatique, mais c'est en Grande-Bretagne que fut établie la race moderne. Jadis, les têtes se tournaient au passage d'un attelage de l'aristocratie britannique accompagné d'un Dalmatien trottant aux côtés des chevaux.

Quoique déjà populaire, le film *Les 101 Dalmatiens*, des studios Walt Disney, suscita pour la race un véritable engouement dans le monde entier. En Grande-Bretagne, le nombre des enregistrements doubla. De nos jours, l'élégance et le caractère amical du Dalmatien en font essentiellement un chien de compagnie et de concours.

Ce chien affectueux et énergique deviendra vite le chouchou de toute la famille. Il a besoin de beaucoup d'exercice et d'un brossage quotidien. Sa tendance à perdre ses poils blancs pourrait nuire à sa considération, mais son intelligence et son tempérament égal sauront compenser ce petit défaut.

4	3	2	1
4	3	2	1
4	3	2	1
4	3	2	1

Caractères de la race

Classification 6e groupe, section 3, races apparentées chiens courants.
Taille *Mâle* : de 55 à 61 cm.
Femelle : de 50 à 58 cm.
Poids De 22 à 25 kg.
Poil Court, fin, dense et serré, d'aspect lisse et brillant.
Robe Couleur de fond blanc pur parsemée de taches noires ou brun feu, non rassemblées et irrégulières mais rondes et bien individualisées, réparties aussi uniformément que possible. Sur les extrémités, taches plus petites que sur le reste du corps.

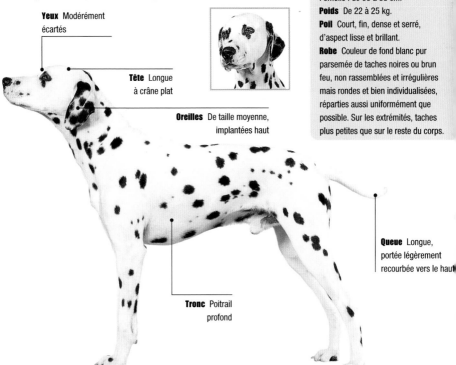

Yeux Modérément écartés

Tête Longue à crâne plat

Oreilles De taille moyenne, implantées haut

Queue Longue, portée légèrement recourbée vers le haut

Tronc Poitrail profond

Schnauzer moyen

Le Schnauzer moyen est la plus ancienne des trois variétés de schnauzers, les deux autres étant le Schnauzer géant et le Schnauzer nain. Certains pensent qu'il s'agit d'un croisement entre deux races aujourd'hui éteintes : le Biberhund du Moyen Âge et un chien à poil dur, peut-être un terrier employé comme ratier. D'autres affirment qu'il a évolué à partir des Schafer Pudel et Pinscher allemand à poil dur, également disparus. Selon une troisième tendance, il descendrait de chiens de bouviers, entre autres le Bouvier des Flandres avec lequel il présente une forte ressemblance.

Le Schnauzer est un chien attrayant, robuste, intelligent et joueur, très bon compagnon, généralement doux avec les enfants. Il aime se dépenser ; il lui faudra donc beaucoup d'exercice et son poil rigide, rêche au toucher, réclame des brossages assez fréquents pour le débarrasser des bourrages et poils morts. Les sujets de compagnie peuvent être toilettés mais cette pratique doit être menée avec des soins particuliers pour répondre aux critères exigés par les juges canins. Il est donc conseillé aux maîtres qui souhaitent concourir d'aborder la question avec l'éleveur au moment de l'achat.

Caractères de la race

Classification 2e groupe, section 1.2, type pinsher et schnauzer.

Taille De 45 à 50 cm.

Poids Environ 15 kg.

Poil Rigide, rêche et serré, avec une sous-fourrure plus douce.

Robe Noir pur (les marques blanches sur la tête, le poitrail et les membres ne sont pas souhaitées), ou poivre et sel (les nuances allant du gris fer foncé au gris argent sont acceptées).

Yeux Sombres et ovales

Tête Forte et de bonne longueur

Oreilles Implantées haut

Queue Implantée et portée haut, traditionnellement coupée à la longueur de trois vertèbres

Tronc Poitrail modérément large

Schnauzer géant

Le Schnauzer géant a longtemps été appelé Chien munichois à cause de ses origines bavaroises. On pense qu'il s'est développé à partir de croisements entre des chiens bouviers à poil doux et des bergers à poil dur, ainsi que de danois à robe noire et du Bouvier des Flandres. Il fut jadis employé comme chien d'accompagnement des troupeaux de bovins, jusqu'à ce que les besoins de ce type d'animal déclinent. Moins populaire que les variétés moyenne et naine, ce beau chien se serait probablement éteint s'il ne s'était révélé un excellent auxiliaire militaire durant le conflit de 1914-1918.

Cet animal intelligent et de bonne nature est un compagnon fiable mais dont les besoins en exercice ne font pas un sujet d'appartement. Il nécessite les mêmes soins que le Schnauzer moyen : son pelage peut être taillé mais là encore, il sera bon de prendre un avis autorisé, un toilettage mal réalisé pouvant nuire à ses qualités en concours.

Soins et entretien

4 — 3 — 2 — 1

4 — 3 — 2 — 1

4 — 3 — 2 — 1

4 — 3 — 2 — 1

Caractères de la race

Classification 2e groupe, section 1.2, type pinscher et schnauzer.
Taille De 60 à 70 cm.
Poids De 30 à 40 kg.
Poil Rigide, rêche et serré, avec une sous-fourrure plus douce.
Robe Noir pur (les marques blanches sur la tête, le poitrail et les membres ne sont pas souhaitées), ou poivre et sel (les nuances allant du gris fer foncé au gris argent sont acceptées).

Yeux Sombres et ovales

Tête Forte, rectangulaire et allongée

Oreilles Implantées haut

Queue Implantée et portée haut, traditionnellement coupée à la longueur de trois vertèbres

Tronc Dos ferme et poitrail large

Schnauzer nain

Le Schnauzer nain dérive de croisements entre le Schnauzer moyen et des chiens plus petits, sans doute des Affenpinschers. La race fut exposée pour la première fois en 1899 et était établie en Allemagne au début des années 1920. Les États-Unis et le Canada la classent parmi les terriers, la Grande-Bretagne parmi les chiens de travail. La France, quant à elle, se réfère à la nomenclature de la Fédération cynologique internationale (FCI), dont elle est membre. Quoi qu'il en soit, ce chien, à la popularité croissante, est considéré partout comme animal de compagnie. Il réussit également en concours canin.

Le Schnauzer nain est un adorable petit chien, excellent compagnon pour toute la famille et notamment les enfants. À l'instar de ses semblables de plus grande taille, il a un besoin quotidien d'exercice. Son poil doit être entretenu régulièrement à l'aide d'une brosse dure. Le toilettage en vue des concours doit répondre à des critères précis pour lesquels il est préférable de demander conseil à un spécialiste.

Soins et entretien

Caractères de la race

Classification 2e groupe, section 1.2, type pinsher et schnauzer.

Taille De 30 à 35 cm.

Poids De 5,9 à 6,8 kg.

Poil Rigide, rêche et serré, avec une sous-fourrure plus douce.

Robes Noir uni (les marques blanches sur la tête, le poitrail et les membres ne sont pas souhaitées), poivre et sel (les nuances allant du gris fer foncé au gris argent sont acceptées), noir et argent, blanc.

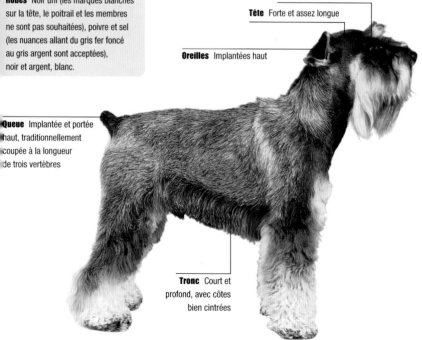

Yeux Sombres et ovales

Tête Forte et assez longue

Oreilles Implantées haut

Queue Implantée et portée haut, traditionnellement coupée à la longueur de trois vertèbres

Tronc Court et profond, avec côtes bien cintrées

Schipperke

On croit souvent que le Schipperke vient des Pays-Bas alors qu'il a vu le jour en Belgique, l'origine relativement moderne de ces deux pays expliquant peut-être cette confusion. Certains pensent, sans pouvoir en apporter de preuves, que la race existe depuis 200 ans, mais il est possible qu'elle soit beaucoup plus ancienne, remontant au milieu du XVIe siècle ; on raconte en effet que le prince Guillaume d'Orange (1533-1584) aurait échappé à un attentat grâce à l'intervention de ses deux chiens noirs et dépourvus de queue, une description recoupant celle de l'animal. Des divergences d'opinion existent également à propos des ancêtres du Schipperke. Deux tendances se dégagent, l'une affirmant qu'il est né d'un type primitif de spitz septentrional, l'autre considérant qu'il descend d'un berger belge aujourd'hui éteint.

Quoi qu'il en soit, le Schipperke était jadis le chien de compagnie et de garde le plus populaire en Belgique. Traditionnellement, on lui confiait la charge de garder pour la nuit les barges sur les canaux des Flandres et du Brabant, ce qui lui a d'ailleurs valu son nom : en flamand, Schipperke signifie « petit capitaine » (ou « petit skipper »). Mais il excellait aussi dans les boutiques des artisans des villes et faisait à l'occasion office de ratier.

N'eut été l'absence de queue, le Schipperke aurait, avec ses oreilles dressées et ses yeux au regard vif, des allures de renard. Les pattes sont fines, courtes et droites ; ses mains et ses pieds de petite taille font penser à ceux d'un chat.

La race fut présentée en concours pour la première fois en 1880. Elle fut reconnue par le Club Royal du Schipperke de Bruxelles en 1886 et se vit attribuer un standard officiel en 1904. Elle a été exportée depuis dans le monde entier.

Le Schipperke est un animal affectueux, particulièrement doux avec les enfants, mais ses excellentes aptitudes de chien de garde le rendent méfiant vis-à-vis des étrangers. Il jouit d'une grande longévité et d'une vitalité en conséquence ; on dit en effet qu'il est capable de parcourir 10 km par jour sans fatigue. Rassurez-vous toutefois car il saura s'accommoder de beaucoup moins d'exercice. Son poil ne nécessite que peu de soins, mais l'animal préférera vivre à la maison plutôt que dans un chenil.

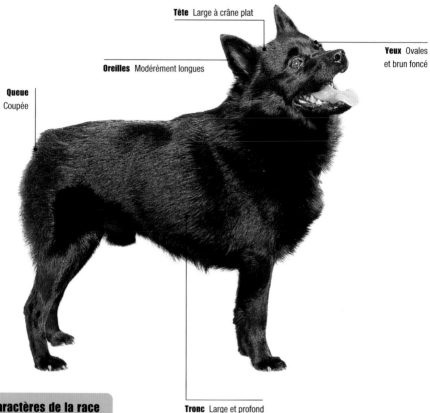

Tête Large à crâne plat

Yeux Ovales et brun foncé

Oreilles Modérément longues

Queue Coupée

Tronc Large et profond

Caractères de la race

Classification 1er groupe, section 1, chiens de berger de Belgique.
Taille Variable en fonction du poids.
Poids Deux catégories :
– de 3 à 5 kg ;
– de 5 à 8 kg.
Poil Abondant et dense, plus long au niveau de l'encolure, des épaules, du poitrail et de l'arrière des membres postérieurs.
Robe Noir zain. Hors des pays de la FCI et des États-Unis, d'autres couleurs unies sont admises.

Soins et entretien

	1	2	3	4
🐕		2	3	4
🍲	1	2	3	4
🪮	1	2	3	4
🏠	1	2	3	4

Spitz-Loup

Le Spitz-Loup, ou Keeshond, est rattaché à l'une des lignées canines les plus anciennes. Comme tous les spitz, il descend d'une race arctique qui vivait il y a environ 6 000 ans. Son nom hollandais moderne lui fut donné en référence à l'un des plus grands héros des Pays-Bas, William Kees de Gyselaer, qui vécut au XVIIIᵉ siècle. Il fut jadis très populaire en Hollande comme chien de garde, notamment auprès des mariniers, et était également employé à la chasse. La FCI lui a aujourd'hui retiré son statut de race, le considérant comme identique au Spitz allemand.

Doté d'une intelligence très vive et d'une grande longévité, le Spitz-Loup tend à vouer à son maître un amour quasi exclusif, ce qui peut le rendre jaloux. Il demande une bonne quantité d'exercice et son poil un entretien quotidien à l'aide d'une brosse dure. Une chaîne à étranglement risque d'abîmer la crinière fournie qui habille son encolure.

Soins et entretien

4	3	2	1
4	3	2	1
4	3	2	1
4	3	2	1

Caractères de la race

Classification Reconnu par la FCI comme variété du Spitz allemand (voir p. 38).
Taille 49 cm (+/– 6 cm).
Poids Chaque variété du Spitz allemand doit avoir un poids correspondant à sa taille.
Poil Long et raide avec sur-fourrure dressée ; une collerette dense habille l'encolure.
Robe Gris loup (gris nuagé).

Yeux Sombres, de taille moyenne

Tête Bien proportionnée, en forme de coin vue de dessus

Oreilles Petites et triangulaires

Queue Implantée haut, bien fournie, enroulée serré sur le dos

Tronc Compact

Spitz finlandais

Son nom finlandais, *Suomenpystykorva*, signifie « chien aux oreilles pointues ». Chien national de la Finlande, il apparaît dans quantités de chansons folkloriques de ce pays. Il était jadis utilisé par les chasseurs lapons pour traquer l'élan et l'ours polaire, mais est aujourd'hui populaire dans toute la Scandinavie pour la chasse au coq de bruyère et autres espèces de gibier à plume. La race, qui possède des liens avec le Laika russe, est née il y a plusieurs siècles dans la partie orientale de la Finlande. Toutefois, ses caractères n'ont été définitivement fixés qu'au début du XIXe siècle.

S'il reste favori des chasseurs scandinaves, ailleurs, le Spitz finlandais est essentiellement un animal de compagnie et de concours canins. Fidèle, il est apprécié comme chien d'intérieur car très propre. Il est doux avec les enfants mais fait preuve d'une grande méfiance vis-à-vis des étrangers, faisant à cet égard un excellent chien de garde. Il lui faut beaucoup d'exercice et un brossage quotidien.

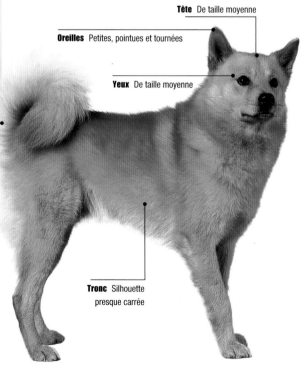

Tête De taille moyenne

Oreilles Petites, pointues et tournées

Yeux De taille moyenne

Queue Plumeuse, bien enroulée depuis sa base

Tronc Silhouette presque carrée

Spitz allemand

La seule différence existant entre le Petit Spitz *(Kleinspitz)* et le Spitz moyen *(Mittelspitz)* réside dans la taille. Tous deux sont des versions réduites du Grand Spitz *(Großspitz)*. Il existe de nombreuses variétés de spitz qui, bien que leurs origines soient difficiles à déterminer avec précision, ont probablement été importées de Scandinavie par les Vikings. Ces chiens étaient connus dès 1700 ; on disait alors que des sujets blancs existaient en Poméranie et des noirs dans le Württemberg. Certaines des variétés blanches les plus petites élevées en Poméranie furent établies en Grande-Bretagne au début du XIXᵉ siècle sous le nom de Loulous de Poméranie.

Malgré leur caractère indépendant, ces chiens actifs, alertes et intelligents font preuve, à l'égard de leurs maîtres, d'une grande dévotion, typique de la race. Adaptés à la vie en ville ou à la campagne, ils nécessitent de vigoureux brossages quotidiens et une quantité moyenne d'exercice. Ils développent volontiers, si on les laisse faire, une tendance à aboyer.

Soins et entretien

4	3	2	1	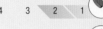
4	3	2	1	
4	3	2	1	
4	3	2	1	

Caractères de la race

Classification 5ᵉ groupe, section 4, type spitz européens.
Taille De 18 à 50 cm selon la variété.
Poids Chaque variété du Spitz allemand doit avoir un poids correspondant à sa taille.
Poil Sous-fourrure douce et laineuse ; couche externe de poils denses, longs et raides.
Robe Noire, brune, blanche, orange, gris-loup et autres selon la variété

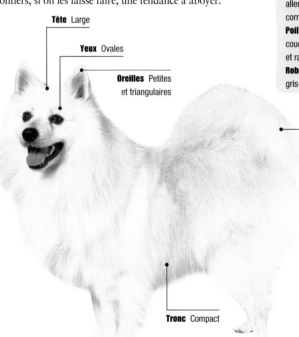

Tête Large

Yeux Ovales

Oreilles Petites et triangulaires

Queue Implantée haut et portée recourbée sur le dos

Tronc Compact

Spitz japonais

Soins et entretien

1 2 3 4

1 2 3 4

1 2 3 4

1 2 3 4

Caractères de la race

Classification 5ᵉ groupe, section 5, type spitz asiatiques et apparentés.
Taille 30 à 38 cm, femelles un peu plus petites que les mâles.
Poids Environ 10 kg.
Poil Fourrure très fournie, raide et dressée, avec sous-couche épaisse, courte et dense.
Robe Blanc pur exclusivement.

Le Spitz japonais partage des ancêtres communs avec les Spitz nordiques. À peu près moitié moins grand que le Samoyède, il est également très proche des Spitz allemands et du Loulou de Poméranie. On dit que les sujets fondateurs auraient été emportés il y a plusieurs siècles vers le Japon par les navires marchands ; là, la race se serait développée, isolée du reste du monde. Elle n'a bénéficié d'une reconnaissance internationale que récemment mais révèle des sujets de concours très populaires.

Loyal envers ses maîtres mais très méfiant à l'égard des étrangers, ce magnifique Spitz est un bon petit chien de garde. Vivant, alerte, intelligent et hardi, il fait un très agréable animal de compagnie. Il nécessite des brossages quotidiens et, doté d'une tendance instinctive à se comporter en chien de troupeau avec les autres animaux, apprécie l'exercice.

Yeux Sombres

Tête De taille moyenne

Oreilles Petites, triangulaires et dressées

Queue Implantée haut et portée recourbée sur le dos

Tronc Large et profond

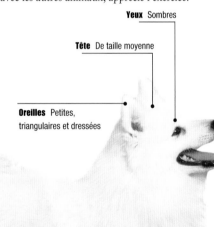

Les races d'agrément

Chow-Chow

Le Chow-Chow est le seul chien à posséder une langue entièrement noire, caractéristique qu'il partage avec certains petits ours. Ce membre à l'aspect léonin de la famille des spitz est connu dans sa Chine natale depuis plus de 2 000 ans. Il fut élevé dans des buts d'exploitation très divers (pour sa chair, pour sa fourrure ou pour chasser). Son nom dérive probablement de la dénomination Chien de chasse chinois Choo. On dit de lui qu'il fut le « Mastiff » originel du Lama tibétain et il figure également dans les écrits chinois anciens sous les noms de Chien tartare ou Chien des Barbares.

La race fut introduite en Occident par des navires marchands de retour du Levant et en 1760, le premier sujet importé en Grande-Bretagne fut exhibé dans un zoo. Sa diffusion en Europe remonte à la seconde moitié du XVIIIe siècle mais elle ne fut véritablement découverte qu'à la fin du XIXe, faisant son apparition en France vers 1900.

Ce sont sans doute les dures conditions dans lesquelles il fut élevé à l'origine qui ont développé chez le Chow-Chow un caractère peu démonstratif, distant, irritable et agressif. Il conserve aujourd'hui cette réputation, soulignée par une allure quelque peu impressionnante, bien que la sélection en ait amoindri les manifestations. Signalons toutefois qu'il est peu probable de le voir attaquer sans avoir été provoqué. Il ne reconnaît volontiers pour maître qu'une personne unique, à laquelle il voue une grande fidélité, et doit être traité avec calme et douceur mais fermeté. Très propre et sans odeur, une bonne promenade quotidienne lui suffit. Son pelage épais, qui doit être entretenu avec une brosse en fer, nécessite une attention considérable.

À l'origine chasseur d[...] loups, le Chow-Chow e[...] devenu un parfait chie[...] de compagnie. Mais so[...] caractère indépenda[...] fait qu'il suppor[...] mal la laisse[...]

Yeux Foncés et en amande

Tête Large et plate

Oreilles Petites et
à extrémité légèrement arrondie

Queue Implantée haut
et portée enroulée
sur le dos

Tronc Compact
avec poitrail large
et profond

Caractères de la race

Classification 5e groupe, section 5,
spitz asiatiques et races apparentées.
Taille *Mâle* : de 48 à 56 cm.
Femelle : de 46 à 51 cm.
Poids *Mâle* : de 20 à 25 kg.
Femelle : de 18 à 20 kg.
Poil Abondant, dense et de texture
rêche et plutôt rude au toucher, variant
en longueur ; crinière prononcée
autour de la tête et queue fournie.
Il existe une variété à poil court, dense
et dur, sans crinière ni queue fournie.
Robe Unies, noire, feu, bleue, fauve
ou crème.

Soins et entretien

	1	2	3	4
	1	2	3	4
	1	2	3	4
	1	2	3	4

Shiba

Le Shiba est une race ancienne géographiquement liée aux régions de Gifu, Toyama et Nagano, dans la grande île centrale de Honshu, au Japon. Son nom, issu du dialecte de Nagano, signifie « petit chien ». Des restes d'un animal de ce type ont été retrouvés dans des ruines datant de la période Joman (500 av. J.-C.). Ces dernières années, le Shiba est devenu l'une des races favorites de concours canin, suivant de près l'Akita sur la scène internationale, lui aussi japonais (voir page 65). C'est un excellent chien de garde et chasseur de petit gibier, doué d'une très grande ruse.

Le Shiba est un chien amical, affectueux et sensible, très bon animal de compagnie, de concours ou de chasse. Employé à la garde, il est vigilant et courageux. Il réclame beaucoup d'exercice et, pour conserver à son poil son aspect de propreté, un bon brossage quotidien.

Soins et entretien

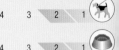
4   3   2   1

4   3   2   1

4   3   2   1

4   3   2   1

Caractères de la race

Classification 5ᵉ groupe, section 5, spitz asiatiques et races apparentées.
Taille *Mâle* : de 38 à 41 cm.
Femelle : de 35 à 38 cm.
Poids De 6 à 10 kg.
Poil Dur et droit.
Robe Rouge, poivre et sel, noire, noire et feu ou blanche.

Yeux en amande

Oreilles Petites, triangulaires et bien dressées

Tête Large, à front plat

Queue
Longue, portée
en faucille

Tronc Robuste et bien
musclé, à poitrail
profond et dos long

Shar-Pei

Il est probable que l'existence du Shar-Pei, ou Chien de combat chinois, remonte à la dynastie des Han (de 206 av. J.-C. à l'an 220) et, selon une hypothèse, les origines de cette race à la peau lâche se situeraient au Tibet ou dans la Province du Nord de la Chine, il y a quelque 2 000 ans. Il était utilisé jadis dans son pays d'origine pour rassembler les troupeaux et pour la chasse au sanglier. On l'opposait également à d'autres chiens dans des combats mais son caractère est par nature si affable qu'il est possible que son agressivité ait alors été provoquée par l'administration de drogues. Il y a encore peu de temps, le Shar-Pei était considéré comme le chien le plus rare du monde. Aujourd'hui, il est présent dans les concours canins.

Chien très affectueux malgré sa mine renfrognée, le Shar-Pei est calme, indépendant et dévoué. Son pelage n'est jamais toiletté, mais l'animal réclame beaucoup d'exercice.

Soins et entretien

1   2   3   4

1   2   3   4

1   2   3   4

1   2   3   4

Caractères de la race

Classification 2e groupe, section 2.1, chiens molossoïdes de type dogue.

Taille De 40 à 51 cm.

Poids Environ 20 kg.

Poil Ras, raide et donnant au toucher la sensation d'une brosse ; absence de sous-fourrure.

Robe Unie uniquement : noire, rousse, fauve clair ou foncé ou crème.

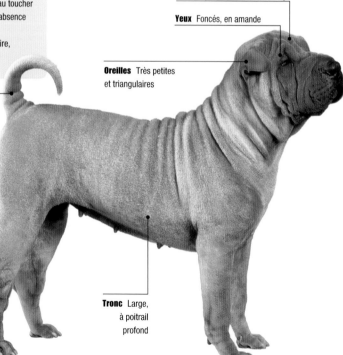

Tête Grosse proportionnellement au corps

Yeux Foncés, en amande

Oreilles Très petites et triangulaires

Queue Arrondie, s'effilant en pointe fine, portée haut, enroulée sur l'un ou l'autre côté du dos

Tronc Large, à poitrail profond

Shih-Tzu

On pense généralement que le Shih-Tzu, dont le nom signifie
«chien-lion», est originaire de l'ouest de la Chine. Mis à part
sa face aplatie, il ressemble au Lhassa-Apso, dont il pourrait
être le résultat d'un croisement avec le Pékinois. La coutume
voulait en effet que le dalaï-lama tibétain offre des Lhassa-
Apso aux dignitaires étrangers en visite, y compris à ceux
qui venaient de Chine.

Les premiers sujets furent introduits en 1930 en Grande-
Bretagne. En France, la comtesse d'Anjou entreprit un élevage
dès 1946, mais il fallut attendre 1953 pour voir les premiers
sujets enregistrés par la Société centrale canine. Le Shih-Tzu est
aujourd'hui un chien de compagnie et de concours populaire
des deux côtés de l'Atlantique.

Ce petit chien gai et résistant adore les enfants et les autres
animaux et fait un excellent compagnon à la ville comme
à la campagne. Il lui faut un brossage quotidien à l'aide d'une
brosse dure et on l'orne généralement d'un nœud au sommet
de la tête.

Soins et entretien

4	3	2	1
4	3	2	1
4	3	2	1
4	3	2	1

Caractères de la race

Classification 9e groupe, section 5,
chiens d'agrément du Tibet.
Taille 26,5 cm au maximum.
Poids De 4,5 à 8 kg.
Poil Long, dense, non bouclé,
avec une bonne sous-fourrure.
Robe Toutes colorations admises ;
chez les sujets particolores, une
flamme blanche sur le front et une
queue à l'extrémité blanche sont très
recherchées.

Yeux Grands, foncés et ronds

Tête Large, ronde,
aux yeux écartés

Oreilles Grandes
et pendantes,
avec de longs poils

Queue Ramenée sur le
dos, à franges longues
et abondantes.

Tronc Plus long
entre le garrot et la
racine de la queue
que la hauteur
au garrot

Lhassa-Apso

Caractères de la race

Classification 9e groupe, section 5, chiens d'agrément du Tibet.

Taille *Mâle* : environ 25,5 cm.

Femelle : légèrement plus petite.

Poids De 4 à 7 kg.

Poil Sur-fourrure longue, lourde, raide et rêche, ni laineuse, ni soyeuse ; sous-fourrure dense et plus douce.

Robe Unie de couleur dorée, sable, miel, gris sombre, charbonnée, ardoise ou noire ; particolores noires tachées de blanc ou de brun.

Petit chien de garde d'intérieur comptant parmi les plus vieilles races du monde, le Lhassa-Apso a son berceau au Tibet, où il a peut-être été créé, dans un lointain passé, à partir du Dogue du Tibet. Très hautement considéré dans son pays d'origine, il était élevé dans les temples et palais. Il est souvent confondu avec le très similaire Shih-Tzu, de Chine occidentale, mais il existe entre les deux des différences physiques, notamment un museau plus long à l'extrémité plus basse chez le Lhassa-Apso. Il semble toutefois que des croisements se soient produits entre les deux races dans le passé, hors de leurs terres natales.

Malgré son ancienneté, le Lhassa-Apso n'est apparu en Occident qu'au début du XXe siècle car son commerce était jadis interdit et il fallut attendre l'Après-Guerre pour le voir introduit en France.

Le Lhassa-Apso est un chien gai, généralement doté d'une grande longévité, très adaptable et adorable avec les enfants. Il aime s'ébattre dehors et a déjà été vu dans une étable, malgré sa longue fourrure qui nécessite d'attentifs brossages quotidiens.

Oreilles Franges abondantes

Tête Porte de longs poils recouvrant les yeux et atteignant le sol

Yeux Foncés

Queue Implantée haut et ramenée sur le dos

Tronc Compact et bien équilibré

Epagneul tibétain

Malgré son nom, l'Épagneul tibétain n'est pas lié au groupe des épagneuls; on ne lui connaît aucun usage à la chasse. Son existence semble très antérieure aux premières chroniques de l'histoire du Tibet, qui remontent au VIIᵉ siècle, et ses origines sont donc obscures. Les très anciens échanges de chiens entre ce pays et la Chine permettent de supposer que des sujets chinois, comme les premiers Shih-Tzu et des individus de type pékinois, ont pu contribuer à sa fondation. Mais il est possible également que l'Épagneul tibétain ait été croisé avec le Carlin pour donner le Pékinois. Quoi qu'il en soit, cette race était l'une des favorites des moines tibétains; elle était employée dans les monastères pour faire tourner les moulins à prières des lamaseries. On dit aussi, comme ce fut le cas pour le Chien nu mexicain, que les hommes s'en servaient pour se réchauffer.

Ce petit chien charmant et de bonne nature est rarement vu en dehors des concours canins. Il est intelligent, doux avec les enfants et fait un superbe compagnon d'intérieur. Énergique, il aime les parties de jeu. Son poil doit être brossé régulièrement.

Soins et entretien

4	3	2	1
4	3	2	1
4	3	2	1
4	3	2	1

Caractères de la race

Classification 9ᵉ groupe, section 5, chiens d'agrément du Tibet.
Taille *Mâle* : environ 27 cm.
Femelle : environ 24 cm.
Poids De 4 à 7 kg.
Poil Modérément long et soyeux, plus court sur la face et le devant des pattes; plus long sur les oreilles, la queue et le derrière des pattes.
Robe Toutes colorations unies et mélangées admises.

Tête Petite proportionnellement au corps

Yeux Brun foncé et expressifs

Oreilles Pendantes, de taille moyenne

Queue Implantée haut, richement frangée et enroulée sur le dos

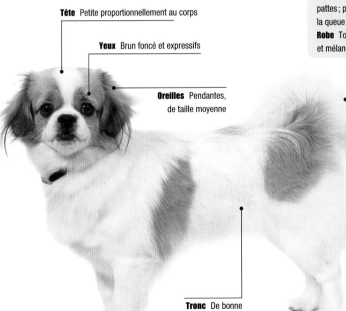

Tronc De bonne profondeur, avec dos droit

Terrier tibétain

Caractères de la race

Classification 9e groupe, section 5, chiens d'agrément du Tibet.

Taille *Mâles* : de 35,5 à 40,5 cm. *Femelle* : légèrement plus petites.

Poids De 8 à 13 kg.

Poil Sous-fourrure douce et laineuse ; couche supérieure longue et fine, raide ou ondulée.

Robe Toutes colorations unies ou combinaisons de couleurs admises.

Le Terrier tibétain n'est pas un terrier, n'ayant connu dans son histoire aucun emploi de ce type. Ressemblant à un Bobtail en réduction, il ne semble avoir été développé, comme les autres petits chiens du Tibet, que dans le but d'en faire un animal de compagnie. De lignée très ancienne, il fut élevé dans les lamaseries, où les moines avaient coutume de l'offrir aux voyageurs en guise de mascotte porteuse de chance. Il était tondu en été et son poil était employé, avec celui du yack, à la fabrication d'un tissu.

Cette race pourrait se révéler idéale pour ceux qui admirent le Bobtail mais ne disposent pas de l'espace nécessaire pour un animal si grand. Toutefois, ce petit chien tout en poils et très attrayant mérite tout autant d'être choisi pour ses qualités propres. Il est robuste, bon marcheur, loyal, dévoué à ses maîtres, doux avec les enfants, mais un peu craintif devant les étrangers. Son long pelage nécessite une attention régulière.

Tête Moyenne, abondamment couverte de longs poils

Yeux Grands, ronds et foncés

Oreilles Pendantes et frangées

Queue Implantée assez haut et enroulée sur le dos

Tronc Compact et puissant

Les races d'agrément

Bichon à poil frisé

Le mot « bichon » est souvent employé pour désigner diverses races de petits chiens blancs. Le Bichon à poil frisé fut introduit aux Canaries au XIVᵉ siècle, et fut d'ailleurs longtemps appelé le Ténériffe, du nom de la capitale de ces îles. Il est toutefois considéré comme un descendant du chien d'eau français, le Barbet, et son nom est issu du diminutif « barbichon ». Proche du Caniche nain par l'apparence, il est reconnu au rang international comme race franco-belge.

Gai, vivant et amical, le Bichon à poil frisé est un petit chien attrayant et caressant qui appréciera tout l'exercice que vous pourrez lui faire prendre. Malheureusement, son long poil frisé, dont la texture rappelle celle d'une houppette à poudre, le réserve à des maîtres que les longues séances d'entretien n'effraient pas. La coupe et le toilettage nécessaires pour obtenir la forme présentée ci-dessous sont complexes et toute personne qui envisage de faire concourir son chien devrait aborder ce point avec l'éleveur au moment de l'achat.

Soins et entretien

4	3	2	1	
4	3	2	1	
4	3	2	1	
4	3	2	1	

Caractères de la race

Classification 9ᵉ groupe, section 1.1, chiens d'agrément bichons et apparentés.
Taille De 25 à 30 cm.
Poids De 2,5 à 3 kg.
Poil Long et à boucles lâches.
Robe Blanche, avec marques crème ou abricot admises jusqu'à l'âge de 18 mois. Peau noire souhaitée.

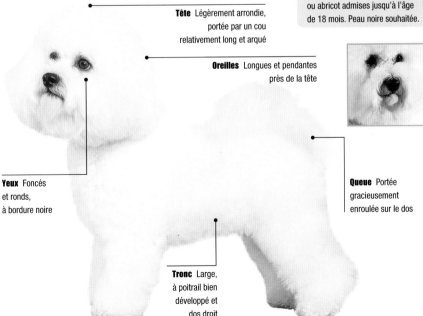

Tête Légèrement arrondie, portée par un cou relativement long et arqué

Oreilles Longues et pendantes près de la tête

Yeux Foncés et ronds, à bordure noire

Queue Portée gracieusement enroulée sur le dos

Tronc Large, à poitrail bien développé et dos droit

Caniche moyen

Jadis chien de compagnie favori de la reine Marie-Antoinette (1755-1793), le Caniche est né en Allemagne où il était employé comme retriever pour la chasse au gibier d'eau. Il ressemble au Chien d'eau irlandais, tous deux ayant pour ancêtre commun le Barbet français. Le Caniche moyen a conservé ses qualités de chien de chasse et nage très bien. Son intelligence et ses capacités d'apprentissage en font un sujet commun des concours de dressage et des pistes de cirque.

Chien gai, vivant et au bon caractère, il sera le compagnon de toute la famille, appréciant une assez grande quantité d'exercice. Si ses maîtres disposent du temps nécessaire à de longues préparations, il sera également un très beau sujet de concours canin. Seule y est admise la « taille en lion » mais beaucoup de possesseurs de caniches préfèrent la toilette en mouton, où le poil est coupé à une longueur uniforme sur tout le corps. Il faudra employer, pour les entretiens quotidiens, une brosse à coussin d'air et à soies en métal, et un peigne métallique.

Caractères de la race

Classification 9e groupe, section 2, chiens d'agrément.
Taille De 35 à 45 cm.
Poids Environ 12 kg.
Poil *Variété à poil bouclé* : poil abondant de texture fine, laineuse, bien frisée, élastique et résistante sous la main. Il doit être épais, bien fourni, de longueur uniforme. *Variété à poil cordé* : Poil abondant, de texture fine, laineuse et serrée, formant cordelettes bien marquées, de longueur égalisée.
Robe Noire, blanche, marron, grise et abricot.

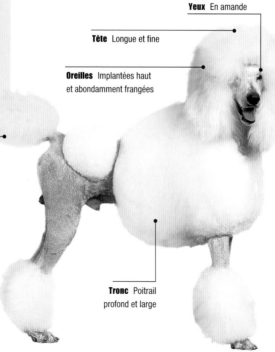

Yeux En amande

Tête Longue et fine

Oreilles Implantées haut et abondamment frangées

Queue Implantée haut et portée dressée

Tronc Poitrail profond et large

Caniche nain

Le Caniche nain fut élevé sur la base du Caniche moyen, probablement à partir des spécimens les plus petits, et joua à son tour un rôle dans le développement du Caniche miniature. Durant les années 1950, il devint la race la plus populaire dans bon nombre de pays car, de plus en plus de gens migrant vers les villes, on a cru que l'intérêt pour les chiens de travail irait en décroissant. Cette prévision s'avéra inexacte mais, bien que certains prétendent qu'il s'agit d'une race de mauvaise qualité, ignorant sans doute ses origines de chien de chasse et de retriever, le Caniche nain reste l'un des favoris des cynophiles.

Hormis la taille, ce chien possède le même standard que ses semblables plus grands et plus petits. Même si l'on n'envisage pas de le présenter en concours, il nécessite des visites fréquentes et régulières en salon de toilettage. L'entretien du poil doit s'effectuer à l'aide d'une brosse à coussin d'air et à soies en métal, et d'un peigne métallique.

Soins et entretien

4	3	2	1
4	3	2	1
4	3	2	1
4	3	2	1

Caractères de la race

Classification 9e groupe, section 2, chiens d'agrément.
Taille De 28 à 35 cm.
Poids Environ 7 kg.
Poil Mêmes caractéristiques que celles du Caniche moyen (voir p. 49).
Robe Noire, blanche, marron, grise et abricot.

Oreilles Implantées haut et pendantes sur le poitrail

Tête Longue, à joues plates

Yeux Ambre foncé ou brun foncé

Queue Implantée haut et dressée

Tronc Profond, large, à poitrail fortement musclé

Caniche miniature

Caractères de la race

Classification 9e groupe, section 2, chiens d'agrément.

Taille Moins de 28 cm.

Poids Moins de 7 kg.

Poil Mêmes caractéristiques que celles du Caniche moyen (voir p. 49).

Robe Noire, blanche, marron, grise et abricot.

Descendant en droite ligne du Caniche nain, le Caniche miniature confond ses origines avec celles de ses cousins de plus grande taille, partageant leur standard et leurs caractéristiques, si l'on fait, évidemment, exception de la taille.

La demande pour les caniches en général étant très importante, certains éleveurs assurent une production intensive, parfois au détriment des qualités de la race. Au moment de l'achat, la plus grande attention est donc recommandée ; prenez soin de faire votre choix parmi des sujets sains, notamment en ce qui concerne le Caniche miniature, la moins robuste des trois variétés présentées ici.

Ce petit chien au tempérament gai et agréable est un délicieux animal de compagnie, idéal pour la vie en appartement. En concours, il doit être présenté avec la même taille que ses semblables. Dans tous les cas, il nécessitera de fréquentes visites au salon de toilettage et pour les entretiens quotidiens, le même type de peigne et de brosse métalliques.

Yeux En amande et bien écartés

Tête Longue et fine

Queue Implantée haut et dressée

Tronc Côtes bien cintrées

Oreilles Implantées haut et pendantes sur le poitrail

Les races de travail

Mastiff

Descendant selon certains du Dogue du Tibet, selon d'autres de l'antique Molosse, le Mastiff compte parmi les chiens les plus anciens du monde. Les sujets de ce type étaient prisés par les Babyloniens il y a plus de 4 000 ans et la race existe en Angleterre depuis l'époque de Jules César. Dépeint entre autres sur la célèbre tapisserie de Bayeux au XIIe siècle, cet animal s'est révélé, au cours de l'Histoire, un extraordinaire chien de guerre, de garde et de chasse. Shakespeare, dans son œuvre *Henry V*, lui prête un « courage inégalable ».

Également utilisé de nos jours comme chien de compagnie, le Mastiff est un gardien des plus sûrs ; sa taille à elle seule est dissuasive. Généralement dévoué à son maître, il est, par nature, doux avec les siens s'ils lui prodiguent toute l'affection qu'il demande. Mais sa grande force implique un dressage ferme et rigoureux. L'entretien de sa musculature nécessite des promenades et exercices fréquents et réguliers. En ville, il doit impérativement être maintenu en laisse. Beaucoup de sujets n'atteignent leur pleine maturité que dans leur seconde année.

Soins et entretien

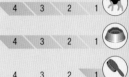

Caractères de la race

Classification 2e groupe, section 2.1, chiens molossoïdes de type dogue.
Taille *Mâle* : 70 cm minimum.
Femelle : 66 cm.
Poids De 70 à 90 kg.
Poil Couche externe courte et drue ; couche inférieure dense et proche de la peau.
Robe Abricot, fauve ou bringée. Dans tous les cas, les oreilles, le museau et la truffe doivent être noirs, ainsi que le tour des yeux. Les taches oculaires doivent remonter en triangle vers le front.

Yeux Petits et écartés

Tête Crâne large

Oreilles Petites proportionnellement au crâne

Queue Implantée haut

Tronc Long et large, dos musclé et poitrail profond

Dogue du Tibet

Soins et entretien

1 2 3 4

1 2 3 4

1 2 3 4

1 2 3 4

Caractères de la race

Classification 2ᵉ groupe, section 2.2, chiens de type montagne.

Taille *Mâle* : 66 cm minimum. *Femelle* : 61 cm.

Poids De 55 à 80 kg.

Poil De longueur moyenne, plus épais chez les mâles, avec un sous-poil très développé.

Robe Noir vif, bleue, noire et feu, brune, dorée ou grise à plusieurs nuances, grise avec marques dorées. Certains portent une étoile blanche sur le poitrail.

Le Dogue du Tibet est l'une des nombreuses races issues du Molosse, chien de guerre de la Rome antique. Originaire d'Asie centrale où il était gardien de troupeaux, on l'y rencontre encore dans les steppes et au pied de l'Himalaya où il continue d'assurer le même travail pour les bergers nomades. Le Dogue du Tibet est mentionné dès le XIIIᵉ siècle dans les chroniques de l'explorateur Marco Polo. La race fit son apparition en Europe au début du XIXᵉ siècle. Elle reste assez peu répandue en Occident.

Le Dogue du Tibet est un très bon chien de compagnie et de garde, fidèle, courageux, protecteur et méfiant vis-à-vis des étrangers. D'une nature docile, il fait preuve d'un caractère stable tant qu'on ne le provoque pas. Il lui faut des exercices vigoureux, fréquents et réguliers sur terrain dur, ainsi que des brossages quotidiens.

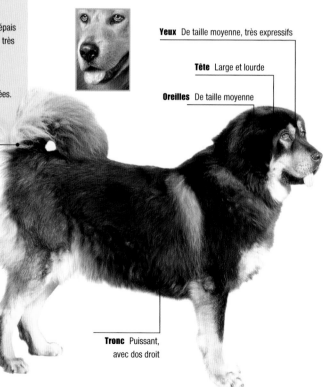

Yeux De taille moyenne, très expressifs

Tête Large et lourde

Oreilles De taille moyenne

Queue Moyenne à longue

Tronc Puissant, avec dos droit

Bullmastiff

Le Bullmastiff fut développé en Angleterre il y a quelque 200 ou 300 ans, par croisement du Bulldog, existant dans ce pays depuis le XIIIᵉ siècle, avec le Mastiff, race ancienne qui s'illustrait dans les cirques de la Rome antique. Il s'agissait alors d'un animal de combat courageux, réputé très féroce. Capable de supporter la douleur sans fléchir, il fut, comme le Bulldog, opposé à des taureaux dans des arènes, jusqu'à ce que cette pratique soit interdite. Au cours du XIXᵉ siècle, l'élevage s'orienta vers la production d'un animal à 60 % Mastiff et 40 % Bulldog, donnant naissance à la race d'aujourd'hui.

La férocité du Bullmastiff fait désormais partie du passé. De nos jours, c'est un chien joueur, fidèle et doux, excellent gardien et généralement très sûr avec les enfants. Il est néanmoins trop puissant pour pouvoir être maîtrisé par des personnes trop jeunes et ne peut convenir qu'à un maître possédant une solide expérience de ce type de chiens. L'entretien se limite à des brossages espacés de quelques jours.

Soins et entretien

4   3   2   1

4   3   2   1

4   3   2   1

4   3   2   1

Caractères de la race

Classification 2ᵉ groupe, section 2.1, chiens molossoïdes.
Taille *Mâle* : de 63,5 à 68,5 cm. *Femelle* : de 61 à 66 cm.
Poids *Mâle* : de 50 à 59 kg. *Femelle* : de 41 à 50 kg.
Poil Court, dense et lisse.
Robes Toutes nuances bringées, fauves ou rouges ; une légère marque blanche est admissible sur le poitrail, mais indésirable partout ailleurs. Museau noir.

Tête Grosse et carrée

Yeux Foncés ou noisette

Oreilles En V, implantées haut et écartées

Queue Implantée haut

Tronc Robuste et compact

Dogue allemand

Caractères de la race

Classification 2e groupe, section 2.1, chiens molossoïdes de type dogue.

Taille *Mâle* : 80 cm minimum.

Femelle : 72 cm minimum.

Poids De 50 à 70 kg.

Poil Court, dense et luisant.

Robe Cinq robes admises : fauve à masque noir, bringée de noir sur fond or et masque noir, bleu acier, noir de laque, arlequin (fond blanc avec taches noires irrégulières et déchiquetées).

Comme son nom le laisse supposer, le Dogue allemand est né en Allemagne, du moins pour ce qui est de sa forme actuelle. Ce géant sculptural existe en fait depuis plusieurs siècles. Ses origines anciennes ont été très discutées, mais il possède vraisemblablement des racines chez les molosses de la Rome antique. Au Moyen Âge, il était employé pour la chasse au gros gibier, mais faisait également office de compagnon et garde du corps des seigneurs. Au XIXe siècle, le chancelier allemand Bismarck croisa le Mastiff du sud de l'Allemagne avec le Dogue allemand du nord, produisant les sujets que nous connaissons aujourd'hui.

Malgré sa taille, le Dogue allemand ne doit pas être installé dans un chenil extérieur mais au foyer, comme membre à part entière de la famille. Pacifique, affectueux et joueur, il n'est pas difficile à éduquer. Toutefois, il vaut mieux éviter de l'agacer, de crainte qu'un geste mal interprété n'entraîne une réaction de sa part. S'il peut vivre en appartement, il doit pouvoir jouir de sorties régulières pour entretenir sa musculature, et nécessite un brossage quotidien.

Yeux En amande

Tête Rectangulaire, avec de grosses narines grandes ouvertes

Queue Épaisse à la base et s'effilant

Oreilles Triangulaires

Tronc Très profond

Boxer allemand

Les origines du Boxer remontent aux mastiffs que les Cimbres, une antique tribu germanique, opposèrent aux légions romaines. Mais son ancêtre le plus direct est le Büllenbeisser, type de chien allemand aujourd'hui éteint qui fut croisé avec le Bulldog à la fin du XIXe siècle pour donner la race que nous connaissons. Exposée pour la première fois à Munich en 1895, elle se répandit après la Première Guerre mondiale, jouissant de nos jours d'une immense popularité dans le monde entier.

Sociable, fidèle, le Boxer est affectueux et généralement doux avec les enfants. Assez fougueux au départ, il devient obéissant s'il est éduqué fermement. C'est un chien puissant qui doit pouvoir prendre beaucoup d'exercice. En revanche, son poil ras ne demande que peu de soins.

Soins et entretien

4	3	2	1
4	3	2	1
4	3	2	1
4	3	2	1

Caractères de la race

Classification 2e groupe, section 2.1, chiens molossoïdes de type dogue.
Taille *Mâle* : de 57 à 64 cm.
Femelle : de 53 à 60 cm.
Poids De 25 à 30 kg.
Poil Court, brillant et lisse.
Robe Fauve jaune à fauve roux ou bringée, avec tout type de marques blanches, tant qu'elles n'occupent pas plus d'un tiers de la robe.

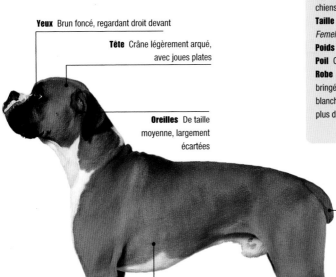

Yeux Brun foncé, regardant droit devant

Tête Crâne légèrement arqué, avec joues plates

Oreilles De taille moyenne, largement écartées

Queue Implantée haut et traditionnellement coupée

Tronc De profil carré, avec poitrail bien délimité

Doberman

Soins et entretien

🐕 1   2   3   4

🥣 1   2   3   4

🖌 1   2   3   4

🏠 1   2   3   4

Caractères de la race

Classification 2ᵉ groupe, section 1.1, races de type pinscher.

Taille *Mâle* : de 65 à 70 cm.
Femelle : de 63 à 67 cm.

Poids De 20 à 26 kg.

Poil Court, lisse, épais et serré.

Robe Noire, marron foncé ou bleue, comportant toujours les marques feu sur la tête et plusieurs régions du corps et des pattes.

Ce chien doit son nom à l'Allemand Louis Dobermann, qui le développa vers 1880. Il recherchait un chien vigoureux, courageux et féroce, au poil ras, de taille moyenne à grande. Il choisit pour base de travail le Pinscher allemand, race alerte et agressive, à laquelle il associa du sang de Rottweiler, porteur de vigueur et d'une grande capacité au dépistage. Il y ajouta du Terrier de Manchester, à l'époque beaucoup plus grand que de nos jours et dont le Doberman a hérité les marques de sa robe, et peut-être aussi du Pointer. Le standard de la race fut publié pour la première fois en 1900. Excellant dans toutes les tâches de chasse, de garde et de protection, elle a connu depuis un succès international qui ne s'est jamais démenti.

Beau sujet de concours, le Doberman peut faire un excellent chien de compagnie, à condition d'être dressé et sous le contrôle d'un maître expérimenté. Toujours en alerte, il peut en effet se montrer redoutable pour les étrangers. Il réclame beaucoup d'exercice et doit être brossé tous les deux jours.

Yeux En amande

Tête Longue, à crâne plat, sur cou bien arqué

Oreilles Petites et implantées haut

Queue Traditionnellement coupée à la deuxième vertèbre

Tronc Carré et musculeux

Komondor

Connu dès 1555, le Komondor fut utilisé pendant des siècles pour protéger les troupeaux et les propriétés contre les prédateurs et les voleurs qui rôdaient dans les grandes plaines de Hongrie. Imposant, puissant et étonnamment agile pour sa taille, c'est un chien robuste et résistant qui ne craint pas les variations de température. Avec sa toison blanche, longue et pendante, dont les poils forment des mèches cordées au toucher feutré, il est immédiatement identifiable.

Protecteur par nature, le Komondor est capable de se battre jusqu'à la mort. Intelligent et entièrement dévoué à sa famille humaine, sa vigilance le rend méfiant vis-à-vis des étrangers. S'il est doux et tolérant avec les enfants du foyer, il n'aime pas être agacé et si ses grondements d'avertissement restent sans effet, il est capable d'attaquer sans autres préliminaires. Incapable de vivre en appartement, il a besoin de grands espaces pour s'épanouir, et son poil d'entretiens méticuleux.

4 3 2 1

4 3 2 1

4 3 2 1

4 3 2 1

Caractères de la race

Classification 1er groupe, section 1, chiens de berger.
Taille *Mâle* : de 65 à plus de 80 cm.
Femelle : de 55 à plus de 70 cm.
Poids *Mâle* : de 50 à 60 kg.
Femelle : de 40 à 50 kg.
Poil Long, cordé, rude et feutrant, bouclé ou ondulé ; sous-poil plus doux.
Robe Blanche.

Yeux De taille moyenne

Tête Courte proportionnellement à sa largeur, sur un cou musculeux, légèrement arqué

Oreilles De taille moyenne

Queue Longue, prolongea
la croupe, et légèreme
incurvée à l'extrémi

Tronc
Dos droit

Chien de Canaan

Soins et entretien

🐕 1 2 3 4

🍲 1 2 3 4

🪮 1 2 3 4

🏠 1 2 3 4

Caractères de la race

Classification 5ᵉ groupe, section 6, chiens de type primitif.

Taille De 50 à 60 cm.

Poids De 18 à 25 kg.

Poil Moyen à long, droit et rêche ; sous-poil devenant visible en hiver.

Robe Sable à brun rougeâtre, blanche ou noire ; la coloration arlequin (taches noires et/ou gris bleu sur fond blanc) est également acceptée.

Race indigène d'Israël aux origines anciennes, on dit du Chien de Canaan qu'il a été développé par élevage sélectif à partir de chiens Pariahs semi-sauvages qui vivaient au Moyen-Orient. Bon garde et protecteur des troupeaux, ce berger s'est aussi révélé un excellent chien militaire, notamment comme messager, au sein de l'armée israélienne. Doué de grandes facultés d'apprentissage, on le forme également au travail de chien d'aveugle et de sauvetage. La race présente deux variétés, l'une ressemblant aux collies, l'autre, plus massive, au Dingo.

C'est un chien alerte, fidèle à ses maîtres et qui aime vivre à la maison. Sa méfiance à l'égard des étrangers en fait un excellent garde qui protège, avec dévouement et sans reculer, les hommes et les bêtes dont il a la charge. Il réclame des brossages réguliers à l'aide d'une brosse et d'un peigne.

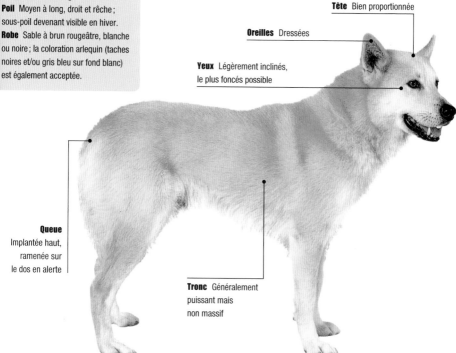

Tête Bien proportionnée

Oreilles Dressées

Yeux Légèrement inclinés, le plus foncés possible

Queue Implantée haut, ramenée sur le dos en alerte

Tronc Généralement puissant mais non massif

Rottweiler

Née en Allemagne, le Rottweiler était employé jadis comme chien de trait par les bouchers pour effectuer leurs livraisons. Il fut également utilisé à la chasse au sanglier et pour la protection des troupeaux de bovins. Certains pensent que la race descend de la forme primitive du Berger allemand. Pour d'autres, ses ancêtres seraient des chiens semblables au Dogue du Tibet, importés jadis en Germanie par les légions romaines. Durant la Première Guerre mondiale, le Rottweiler se révéla un excellent chien militaire. Son standard fut reconnu en 1966.

Puissant, courageux et rusé, le Rottweiler est à déconseiller formellement aux personnes peu expérimentées dans le dressage de ce type de chiens ou qui ne disposent pas de beaucoup de temps à y consacrer. Il peut faire un très bon compagnon mais c'est un gardien par excellence qui doit être maîtrisé à la fois avec autorité, calme et douceur. Il réclame beaucoup d'espace et d'exercice et son poil un brossage quotidien avec une brosse dure.

Soins et entretien

4	3	2	1
4	3	2	1
4	3	2	1
4	3	2	1

Caractères de la race

Classification 2e groupe, section 2.1, chiens molossoïdes de type dogue.
Taille *Mâle* : de 60 à 68 cm.
Femelle : de 55 à 63 cm.
Poids Environ 50 kg.
Poil Serré, de longueur moyenne et dur au toucher, avec sous-poil sur l'encolure et les cuisses.
Robe Noire, avec taches feu ou brunes nettement marquées.

Yeux De taille moyenne et en amande

Tête Large entre les oreilles, sur puissant cou arqué

Oreilles Petites proportionnellement à la tête

Queue Coupée à la première vertèbre, généralement portée à l'horizontale

Tronc Large, poitrail profond

Soins et entretien

1 2 3 4

1 2 3 4

1 2 3 4

1 2 3 4

Caractères de la race

Classification 2e groupe, section 2.2, chiens molossoïdes de type montagne.

Taille *Mâles* : de 72 à 80 cm.

Femelle : de 65 à 75 cm.

Poids De 60 à 80 kg.

Poil Demi-fin, assez long et près du corps, formant crinière sur l'encolure.

Robe Fauve de diverses nuances (du sable au brun rouge), parfois charbonnée, avec masque noir.

Leonberg

Le Leonberg est peut-être le produit d'un croisement entre le Landseer et le Montagne des Pyrénées, à moins, comme le pensent certains, qu'il descende du Dogue du Tibet. D'autres le considèrent encore comme le résultat d'un élevage sélectif effectué dans les années 1840 par un certain Monsieur Essig, éleveur dans la ville allemande de Leonberg. On dit qu'il aurait utilisé pour cela le Terre-Neuve, le Saint-Bernard et le Montagne des Pyrénées. Ayant beaucoup souffert des deux guerres mondiales et considéré comme rare, la race ne fut introduite dans notre pays que durant les années 1950.

Jouissant d'une bonne nature, intelligent et vif, le Leonberg est un gardien de belle allure, produit à partir de races au tempérament sain. C'est essentiellement un chien de la campagne qui demande beaucoup d'exercice, taillé pour courir les grands espaces. Il nécessite un brossage quotidien. Très doux avec les enfants, il aime particulièrement l'eau.

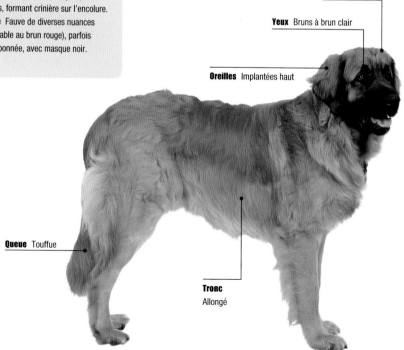

Tête Sommet arrondi

Yeux Bruns à brun clair

Oreilles Implantées haut

Queue Touffue

Tronc Allongé

Chien d'eau portugais

Le Chien d'eau portugais était jadis un personnage familier des ports de pêche de la péninsule Ibérique, et se rencontre encore communément dans la région de l'Algarve, au Portugal, d'où il est originaire. C'est traditionnellement le chien des pêcheurs, bon nageur doué d'une grande endurance, auquel on confie toutes sortes de tâches, notamment la garde des prises et la récupération des poissons échappés des filets ou autre objet tombé à l'eau. C'est aussi un très bon chien de chasse au gibier d'eau. La race présente deux variétés distinctes, l'une au poil long, brillant et ondulé, l'autre avec un poil plus court, plus épais et plus frisé, mais de conformation identique.

C'est un chien intelligent et énergique que l'on dit volontaire mais obéissant, et quelque peu méfiant des étrangers. Champion de nage et de plongée, il requiert beaucoup d'exercice et son poil un entretien fréquent et régulier au peigne et à la brosse. En concours, l'arrière-train doit être tondu depuis la dernière côte jusqu'aux deux tiers de la queue.

Caractères de la race

Classification 8e groupe, section 3, chiens d'eau.

Taille *Mâle* : de 50 à 57 cm. *Femelle* : de 43 à 52 cm.

Poids *Mâle* : de 19 à 25 kg. *Femelle* : de 16 à 22 kg.

Poil Abondant et épais, sauf sous les membres antérieurs et les cuisses. *Deux types* : assez long à ondulations lâches et plus court à frisures serrées ; tous deux dépourvus de sous-poil.

Robe Noire, blanche, grise ou diverses nuances de brun unies ; noir et blanc ou brun et blanc acceptés si le blanc ne dépasse pas 30 % de la robe ; peau bleutée sous les robes noires et noires et blanches.

Oreilles En cœur et tombantes

Tête Grosse et bien proportionnée

Yeux Ronds et bien écartés

Queue Épaisse à la base et s'effilant en pointe

Tronc Poitrail profond

Akita

Les origines de l'Akita se situent dans les régions polaires et remontent à plus de 300 ans. Il fut développé pour chasser les cervidés et le sanglier, ainsi que l'ours à collier de l'Himalaya, présent au Japon. C'est un chien puissant, vigoureux, aux mouvements extrêmement rapides, qui peut travailler dans la neige profonde. Il possède également des pieds palmés, se montrant excellent nageur, capable de rapporter le gibier d'eau et de pousser les poissons vers les filets des pêcheurs.

Robuste et répondant très bien au dressage, l'Akita est un chasseur et un retriever très adaptable et, grâce à son courage, un chien de garde de premier ordre. Par son tempérament, c'est aussi un bon sujet d'exposition canine et un bon animal de compagnie. Mais son énergie débordante interdit de le maintenir confiné ; il lui faut beaucoup d'exercice et de bons exutoires, comme par exemple la participation à des concours d'obéissance. Son poil fourni nécessite un entretien quotidien.

Soins et entretien

	1	2	3	4
	1	2	3	4
	1	2	3	4
	1	2	3	4

Caractères de la race

Classification 5e groupe, section 5, spitz asiatiques et races apparentés.

Taille *Mâle* : de 63,5 à 69,5 cm. *Femelle* : de 58 à 64 cm.

Poids De 30 à 50 kg.

Poil Droit, dur et rêche ; sous-poil fin, moelleux et dense.

Robe Fauve ou sable, charbonnée ou bringée ; blanche ou pie avec des taches noires irrégulières ; avec ou sans masque sombre.

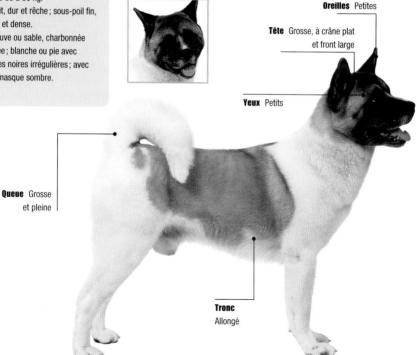

Oreilles Petites

Tête Grosse, à crâne plat et front large

Yeux Petits

Queue Grosse et pleine

Tronc Allongé

Chien de la Serra Estrela

Comptant parmi les plus anciennes races de la péninsule Ibérique, le Chien de la Serra Estrela est né il y a des siècles dans les montagnes du même nom, au cœur du Portugal. Tenant un peu du Mastiff et du Saint-Bernard, avec lesquels il présente quelque ressemblance, la race a toujours été très populaire dans son pays natal. De nos jours, elle est encore employée dans les tâches de garde et de protection.

Le Chien de la Serra Estrela est un excellent garde, doté d'une exceptionnelle vigueur. Intelligent, il réclame beaucoup d'amour et un dressage doux mais ferme. Il se montre très loyal et affectueux envers ses maîtres, mais ne témoigne aux autres hommes qu'indifférence. Il lui faut évidemment beaucoup d'exercice, des brossages réguliers et un régime alimentaire assez léger, dont il conviendra de discuter avec l'éleveur.

Soins et entretien

4	3	2	1
4	3	2	1
4	3	2	1
4	3	2	1

Caractères de la race

Classification 2e groupe, section 2.2, chiens molossoïdes de type montagne.
Taille *Mâle* : de 66 à 72 cm.
Femelle : de 62 à 68 cm.
Poids De 40 à 50 kg.
Poil *Type long* : couche supérieure épaisse, assez rêche, frangeant sur la face postérieure des membres, sous-poil dense ; *type court* : couche supérieure courte, épaisse et assez rêche, sous-poil plus court et dense.
Robe Fauve de toutes nuances, ou combinaisons de nuances, avec ou sans taches charbonnées ou blanches.

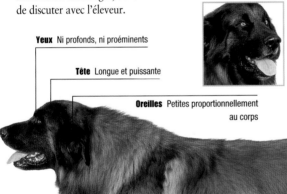

Yeux Ni profonds, ni proéminents

Tête Longue et puissante

Oreilles Petites proportionnellement au corps

Queue Longue et épaisse

Tronc Dos court, plus haut au garrot qu'au niveau des reins

Chien de montagne des Pyrénées

Caractères de la race

Classification 2e groupe, section 2.2, chiens molossoïdes de type montagne.

Taille *Mâle* : de 70 à 80 cm.
Femelle : de 65 à 75 cm.

Poids *Mâle* : environ 60 kg.
Femelle : environ 45 kg.

Poil Long et de texture laineuse, avec sous-poil fin et très dense lui permettant de coucher dans la neige.

Robe Blanche, avec ou sans taches fauve pâle, grisardes ou charbonnées sur la tête et la croupe.

Les ancêtres du Montagne des Pyrénées étaient sans doute des dogues du Tibet introduits en Europe. Ses cousins les plus proches sont le Kuvasz et le Terre-Neuve, au développement desquels il a peut-être contribué. La race est employée depuis des siècles à la garde des troupeaux dans la chaîne des Pyrénées et le reste de la France.

Le Montagne des Pyrénées a une très bonne nature. À la fois fidèle, protecteur et d'une certaine indépendance de caractère, il faut le dresser fermement mais il est très doux avec les enfants et les autres animaux. Il peut être chien d'intérieur à condition d'avoir accès souvent à un espace assez vaste où il pourra se dépenser. Si vous disposez d'assez de place, de nourriture et de temps à consacrer à son exercice et l'entretien de son poil, ce sera le meilleur des compagnons et un bon sujet de concours.

Yeux Brun foncé et en amande

Tête Sommet arrondi

Oreilles Petites et triangulaires

Queue Épaisse à la racine et s'effilant en pointe

Tronc Poitrail large et dos droit

Bouvier bernois

Le Bouvier bernois tire son nom du canton de Berne, en Suisse, où ses ancêtres arrivèrent avec les armées romaines.
Comme les autres chiens de montagne suisses, il présente des caractéristiques de type mastiff. Bien que l'on discerne dans sa lignée un peu de sang de Rottweiler, de Saint-Bernard et de Terre-Neuve, on pense que la race est issue des chiens molosses de la Grèce et la Rome antiques. Dans son pays natal, le Bouvier bernois est utilisé de longue date comme conducteur et protecteur des troupeaux de bovins, et on le voit parfois encore de nos jours tirer les charrettes de lait sur les flancs des montagnes.

Le Bouvier bernois sera un excellent compagnon, attaché à ses maîtres, calme, peu bruyant, doux avec les enfants et les autres animaux du foyer. La seule réserve, c'est de lui offrir beaucoup d'espace pour se dépenser, car il ne saurait vivre en appartement. Son poil nécessite des brossages réguliers.

Soins et entretien

4	3	2	1
4	3	2	1
4	3	2	1
4	3	2	1

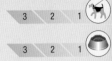
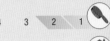

Caractères de la race

Classification 2e groupe, section 3, chiens de bouvier suisses.
Taille *Mâle* : de 64 à 70 cm.
Femelle : de 58 à 66 cm.
Poids De 35 à 40 kg.
Poil Épais, modérément long, droit ou légèrement ondulé et naturellement brillant.
Robe Noir de jais, avec des marques feu intenses sur les joues, au-dessus des yeux, sur les membres et le poitrail, et blanches sur le chanfrein et le museau, le poitrail, les mains et les pieds et parfois le bout de la queue.

Yeux Brun foncé et en amande

Tête Forte, à crâne plat

Oreilles De taille moyenne

Queue Touffue

Tronc Compact

Saint-Bernard

Caractères de la race

Classification 2e groupe, section 2.2, chiens molossoïdes de type montagne.

Taille *Mâle* : 70 cm au minimum.

Femelle : 65 cm au minimum.

Poids De 55 à 100 kg.

Poil *De deux types* : long et ondulé ou bien court, dense, droit, lisse et près du corps.

Robe Blanche avec sur le corps des taches orange, acajou bringé, roux bringé ou blanches, ou encore l'une de ces couleurs prédominante ; étoile blanche sur la face ; museau, collier, poitrail, membres antérieurs, pieds et bout de la queue blancs.

Le Saint-Bernard est un doux géant malgré ses ancêtres qui ne seraient autres que les redoutables molosses des Romains. Son nom, il le doit à l'Hospice du Grand Saint-Bernard, dans les Alpes suisses, où il forgea sa réputation de secouriste en montagne. Avant 1830, tous les Saint-Bernard présentaient le poil court, date où du sang de Terre-Neuve fut injecté dans la race afin d'accroître sa taille et sa vitalité. En conséquence, on voit aujourd'hui des sujets de deux types, à poil court ou long. Un standard international fut établi à Berne dès 1887.

Comme en témoigne son passé, le Saint-Bernard est un chien intelligent, éminemment doué pour le dressage, très doux et qui adore les enfants. Comme beaucoup de poids lourds de la gent canine, il vaut mieux ne pas lui faire prendre trop d'exercice dans sa première année, des promenades courtes et régulières étant plus indiquées. Il lui faut un brossage quotidien et beaucoup de nourriture. Malheureusement, à l'instar du Dogue allemand, la longévité de ce chien adorable est assez courte.

Yeux De taille moyenne

Tête Massive et large

Oreilles De taille moyenne

Queue Implantée haut

Tronc Large, à épaules larges et musculeuses et dos droit

Chien Esquimau du Canada

Ce spitz robuste et résistant fut développé pour tirer les traîneaux dans les régions arctiques. Probablement originaire de la Sibérie orientale, il fut introduit au XIXᵉ siècle en Alaska et au Groenland, où il s'adapta. L'animal partage des ancêtres avec les autres chiens nordiques, comme le Malamute d'Alaska, le Siberian Husky et le Samoyède. Il présente une très forte ressemblance avec le Chien Esquimau du Groenland, bien que plus lourd et plus court de dos que ce dernier. Ces deux races distinctes sont d'ailleurs souvent confondues ; mais le Chien Esquimau du Canada n'est pas officiellement reconnu par la FCI, contrairement à son homologue groenlandais.

Il s'agit d'un excellent chien de traîneau d'une remarquable endurance. Bon gardien, il supporte mal la vie d'intérieur, appréciant au contraire les exercices fréquents et vigoureux, a fortiori le travail.

Des brossages réguliers lui seront bénéfiques.

Soins et entretien

4	3	2	1
4	3	2	1
4	3	2	1
4	3	2	1

Caractères de la race

Classification Non reconnu par la Fédération cynologique internationale
Taille *Mâle* : de 58 à 68 cm.
Femelle : de 51 à 61 cm.
Poids *Mâle* : de 34 à 48 kg.
Femelle : de 27 à 40 kg.
Poil Long de 15 cm environ, avec sous-poil épais.
Robe Toutes couleurs ou combinaisons de couleurs.

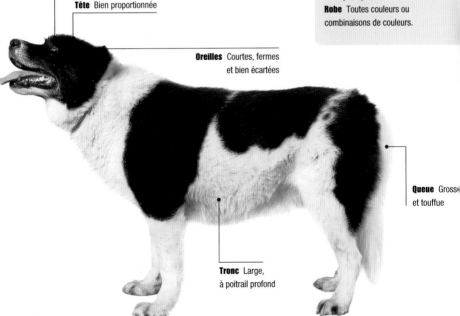

Yeux Brun foncé ou roux

Tête Bien proportionnée

Oreilles Courtes, fermes et bien écartées

Queue Grosse et touffue

Tronc Large, à poitrail profond

Malamute d'Alaska

Caractères de la race

Classification 5e groupe, section 1, chiens nordiques de traîneau.

Taille *Mâle* : environ 63 cm.
Femelle : environ 58 cm.

Poids *Mâle* : environ 38 kg.
Femelle : environ 34 kg.

Poil Poil de garde épais et rude ; sous-poil dense, laineux et huileux.

Robe Du gris clair au noir et toutes nuances intermédiaires ; ventre, une partie des membres et de la face, et pieds toujours blancs ; marque en forme de coiffe ou de masque sur la face. Robe blanc uniforme acceptée.

Membre sociable de la famille des spitz, le Malamute d'Alaska tire son nom du peuple esquimau Mahlmut, vivant près des côtes du Kotzebue Sound, une région montagneuse située à l'intérieur du cercle polaire. On raconte que ce chien, ainsi que d'autres races arctiques similaires, descendent en partie des loups. Quoi qu'il en soit, le Malamute développe une grande vigueur et une grande rapidité. Capable de survivre sous les températures polaires, il est très prisé comme chien de trait pour emporter de lourdes charges sur des terrains difficiles.

En dépit de ses allures lupines, c'est un chien gentil et de bonne nature, qui fait un compagnon fidèle et dévoué mais peu amical avec les autres membres de la gent canine. Il lui faut un brossage quotidien et beaucoup d'exercice.

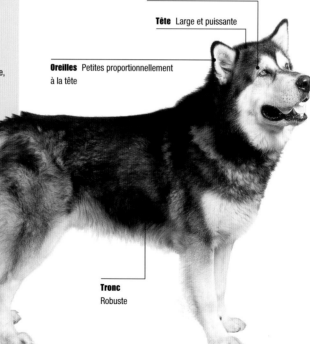

Yeux Bruns, en amande

Tête Large et puissante

Oreilles Petites proportionnellement à la tête

Queue Implantée modérément haut

Tronc Robuste

Samoyède

Ce superbe spitz doit son nom à la tribu sibérienne nomade des Samoyèdes, qui mettaient à profit son courage naturel pour garder les troupeaux, chasser le renne et l'ours. Ce sont les Britanniques qui, les premiers, introduisirent ce chien très endurant en Europe dans les années 1880, en vue d'expéditions dans l'Arctique. Il compte parmi ceux qui emportèrent les traîneaux de Nansen et Shackleton vers le pôle Nord.

Contrairement à bon nombre de chiens de traîneau, le Samoyède vit, dans son pays d'origine, dans l'habitation de ses maîtres. Dévoué et doux avec les enfants, c'est un compagnon obéissant, quoique de tempérament un peu indépendant. Mais c'est avant tout un chien des grands espaces qui se révèle pleinement dans la dépense physique dont il a grand besoin. Son poil épais et imperméable doit être brossé et peigné régulièrement.

Soins et entretien

4	3	2	1
4	3	2	1
4	3	2	1
4	3	2	1

Caractères de la race

Classification 5e groupe, section 1, chiens nordiques de traîneau.
Taille *Mâle* : de 54 à 60 cm.
Femelle : de 50 à 56 cm.
Poids *Mâle* : de 20 à 30 kg.
Femelle : de 17 à 25 kg.
Poil Rude mais non raide, droit, avec un sous-poil court, épais et doux.
Robe Blanc pur, blanche avec taches sable, ou crème. Poils de garde à l'extrémité argentée.

Oreilles Épaisses, pas trop larges et à bout légèrement arrondi

Tête Large

Yeux Foncés et en amande

Queue Longue, à fourrure profuse et portée enroulée sur le dos

Tronc Dos de longueur moyenne

Les chiens
de berger et de bouvier

Terre-Neuve

Diverses théories s'affrontent quant aux origines du Terre-Neuve, mais la plus vraisemblable en fait un descendant du Dogue du Tibet. En s'adaptant aux rudes conditions régnant à Terre-Neuve, dans l'est du Canada, où il fut introduit par les Vikings, l'animal a développé des pieds palmés et une fourrure huileuse qui lui permettent de rester dans les eaux froides pendant de longues périodes. La race s'est rendue célèbre comme auxiliaire des pêcheurs et surtout comme chien de sauvetage. Son instinct la pousse en effet à se porter au secours de toute personne tombée à la mer et à la ramener en sécurité. Ils se sont ainsi taillé, auprès des équipages de Terre-Neuve, la même réputation que le Saint-Bernard auprès des montagnards suisses.

Il existe une variété particolore du Terre-Neuve appelée Landseer, qu'il ne faut pas confondre avec le Landseer de type continental européen, une race proche mais bien distincte, reconnue à part entière par la Fédération cynologique internationale.

Très doux et docile, le Terre-Neuve fait rarement preuve de mauvais caractère. Il est en effet étonnamment gentil avec les enfants et les autres races canines. Mais il requiert des espaces assez vastes et des exercices réguliers sur terrain dur. Son poil doit être brossé quotidiennement à l'aide d'une brosse dure.

Yeux Petits
et brun foncé

Tête Large
et massive

Oreilles Petites,
implantées bien
en arrière

Queue Épaisse

Doux géant, le Terre-Neuve peut apparaître lourdaud à terre. Mais dans l'eau, il est dans son élément, nageant puissamment et ramenant sur la berge tout objet (ou personne) se trouvant sur son passage.

Tronc Puissant,
large et musclé

Caractères de la race

Classification 2ᵉ groupe, section 2.2, chiens molossoïdes de type montagne.

Taille *Mâle* : 68 cm au minimum.
Femelle : 63 cm au minimum.

Poids *Mâle* : de 64 à 69 kg.
Femelle : de 50 à 54,5 kg.

Poil Double fourrure dense au poil plat et de texture rude, huileuse et imperméable à l'eau. Le poil de garde est modérément long et peut être droit ou légèrement ondulé.

Robe Noire à reflets bleus ou bruns, bronze, grise ou Landseer (tête noire et marques noires sur fond blanc).

Soins et entretien

	1	2	3	4
1	2	3	4
1	2	3	4
1	2	3	4

Grand Bouvier suisse

Le Grand Bouvier suisse est le plus grand des quatre chiens de montagne suisses, le plus connu étant le Bouvier bernois. Tous sont considérés comme des descendants de chiens de troupeaux locaux et des molosses introduits par les armées romaines. Ils servaient jadis à la garde, la conduite du bétail et comme animaux de trait. De nombreux représentants de la race sont également employés comme chiens de sauvetage, pour la recherche en montagne.

Le Grand Bouvier suisse est un compagnon fidèle et doux, généralement très dévoué envers les enfants dont il assure spontanément la protection. Alerte et hautement intelligent, il fait un excellent chien de garde, prêt à donner sa vie pour les siens. Mais c'est un campagnard qui réclame beaucoup d'exercice et ne s'épanouit que dans les grands espaces. Son poil nécessite un brossage régulier avec une brosse dure.

Soins et entretien

4	3	2	1
4	3	2	1
4	3	2	1
4	3	2	1

Caractères de la race

Classification 2ᵉ groupe, section 3, chiens de bouvier suisses.
Taille *Mâle* : de 66 à 70 cm.
Femelle : de 60 à 65 cm.
Poids *Mâle* : 40 kg environ.
Femelle : 35 kg environ.
Poil Ras, dur et lisse.
Robe Noir brillant, avec des marques symétriques feu et blanches, très contrastantes.

Yeux Bruns, de taille moyenne

Tête Plate et large

Oreilles Triangulaires, de taille moyenne

Queue Assez lourde

Tronc Modérément long, puissant, à dos droit

Bouvier appenzellois

Caractères de la race

Classification 2e groupe, section 3, chiens de bouvier suisses.

Taille *Mâle* : de 52 à 58 cm.

Femelle : de 48 à 54 cm.

Poids De 22 à 25 kg.

Poil Ras, dense et dur.

Robe Noire et feu, avec des marques blanches sur la tête, le poitrail et les pieds ; l'extrémité de la queue est toujours blanche également.

Le Bouvier appenzellois doit son nom au canton du nord de la Suisse où il a vu le jour. Il présente une allure similaire à celle du Bouvier bernois, mais généralement une taille plus petite, une silhouette plus rectangulaire et un poil ras et lisse. Jadis, le Bouvier appenzellois fut très utilisé pour la conduite des troupeaux et comme animal de trait, tirant des charrettes vers les marchés. Il reste aujourd'hui assez commun dans son pays natal, où existe un club dédié à sa race, mais se rencontre rarement hors de ses frontières.

Résistant, intelligent, facile à dresser, le très adaptable Bouvier appenzellois est un excellent chien de ferme et de sauvetage, de compagnie ou de garde. Il lui faut beaucoup de nourriture et d'exercice, et un brossage quotidien.

Yeux Bruns et plutôt petits

Tête Plate, large entre les oreilles

Oreilles Assez petites et implantées haut

Queue Moyennement longue, forte et portée enroulée sur le dos

Tronc Puissant, dos droit

Hovawart

Parfois décrit comme relativement nouveau venu, le Hovawart est pourtant reconnu en Allemagne depuis 1936 et jouit en fait d'une grande ancienneté. Sa forme moderne est, en effet, directement issue du traditionnel Hofewart («gardien de la cour»), chien de garde des fermes allemandes décrit dès le XIIIᵉ siècle et dont le nom a inspiré l'actuelle dénomination de la race. Après des siècles d'oubli, elle fut régénérée à partir de 1922 et a fait son entrée ces dernières années sur la scène internationale.

Excellent chien de garde de croissance lente, le Hovawart est doux avec les enfants, aimant autant la vie à la maison que l'exercice. Capable de réagir agressivement face à la provocation, il est facile à dresser mais tend à ne répondre qu'à un seul maître.

Soins et entretien

4	3	2	1
4	3	2	1
4	3	2	1
4	3	2	1

Caractères de la race

Classification 2ᵉ groupe, section 2.2, chiens molossoïdes de type montagne.
Taille *Mâle* : de 60 à 70 cm.
Femelle : de 55 à 65 cm.
Poids De 25 à 40 kg.
Poil Mi-doux, assez long et près du corps, légèrement ondulé et fourni.
Robe Fauve (blond), noire, noire et feu ; petite tache blanche admise sur le poitrail.

Yeux Bruns, de taille moyenne

Tête Robuste, à large front convexe

Oreilles Triangulaires, proportionnées à la tête et implantées haut

Queue Bien frangée et portée bas

Tronc Plus long que la hauteur au garrot

Soins et entretien

1 2 3 4

1 2 3 4

1 2 3 4

1 2 3 4

Caractères de la race

Classification 1er groupe, section 1, chiens de berger italiens.
Taille *Mâle* : de 63 à 73 cm.
Femelle : de 60 à 68 cm.
Poids *Mâle* : de 35 à 45 kg ;
femelle : de 30 à 40 kg.
Poil Long, abondant et plutôt rêche au toucher ; jamais bouclé.
Robe Entièrement blanche.

Berger de la Maremme et des Abruzzes

En Italie, ce berger possède deux dénominations car, durant des siècles, il travaillait de juin à octobre dans les Abruzzes, suivant les troupeaux qui y trouvaient pâtures, et d'octobre à juin dans la région de Maremme. Appelé tantôt Berger de Maremme, tantôt Berger des Abruzzes, certains considéraient qu'il existait en fait deux races, un type au poil plus court se dégageant en effet. Il y a environ 35 ans, un congrès cynologique à Florence établit définitivement les deux types en une seule race, avec un standard unique.

Gardien par nature, le Berger de Maremme-Abruzzes est un chien qui n'oublie ni le bien ni le mal qu'on lui fait. Son poil doit être entretenu régulièrement avec une brosse en métal et, occasionnellement, traité à la poudre nettoyante.

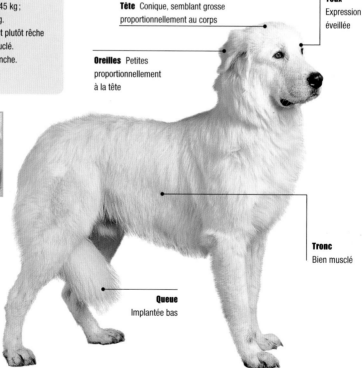

Tête Conique, semblant grosse proportionnellement au corps

Yeux Expression éveillée

Oreilles Petites proportionnellement à la tête

Tronc Bien musclé

Queue Implantée bas

Bouvier des Flandres

Le Bouvier des Flandres est originaire de la région du même nom, située en Belgique entre la vallée du Lys et la côte. Ce chien au poil touffu fut développé à partir d'une multiplicité de races de travail, dans le but de créer un auxiliaire de ferme complet. Il fut en effet employé à la chasse sur terrains difficiles, comme conducteur et protecteur des troupeaux et chien de garde.

Les premières propositions de standard datent de 1912, mais ne furent finalisées qu'après la Première Guerre mondiale par le Club national belge du Bouvier des Flandres. Quant à la FCI, elle n'établit son standard définitif qu'en 1965.

Dans son pays d'origine et en France, les oreilles du Bouvier des Flandres sont traditionnellement taillées en pointe pour renforcer son aspect impressionnant. Il est vrai que l'animal peut être redoutable et tout à fait dissuasif. Mais cette image est démentie par sa véritable nature, car c'est avant tout un chien au tempérament calme et équilibré, qui se montre intelligent, résistant et digne de confiance. Extrêmement fidèle envers ses maîtres, il se dresse facilement et se rencontre surtout aujourd'hui comme chien de compagnie et de concours. Toutefois, pour assouvir ses besoins en dépense physique, cette grande race a besoin de sorties fréquentes. Son poil épais nécessite un entretien régulier.

Descendant de chiens anciens à poil rude, le Bouvier des Flandres porte une fourrure tout-temps évoquant la paille de fer. En Belgique et en France, ses oreilles, naturellement tombantes, sont souvent taillées pour lui donner une attitude plus fringante de chien de garde.

Yeux Expression alerte

Oreilles Implantées haut

Tête De taille impressionnante,
accentuée par la barbe
et les moustaches

Queue
Généralement
coupée à la
deuxième ou
troisième
vertèbre

Tronc Court et puissant,
avec poitrail large
et profond

Caractères de la race

Classification 1er groupe, section 2,
chiens de bouvier.

Taille *Mâle* : de 62 à 68 cm.
Femelle : de 59 à 65 cm.

Poids *Mâle* : de 35 à 40 kg.
Femelle : de 27 à 35 kg.

Poil Raide, épais et rude au toucher,
avec un sous-poil plus doux et dense.

Robe Du fauve au noir, souvent
bringée. Une étoile blanche sur le
poitrail est acceptable, mais une
couleur blanche prédominante, ou
encore brun chocolat, sont tout à fait
indésirables. Il en est de même des
couleurs délavées.

Soins et entretien

	1	2	3	4
1	2	3	4
1	2	3	4
1	2	3	4

Bearded Collie

Le Bearded Collie est considéré comme l'un des plus anciens chiens de berger d'Écosse. Il pourrait descendre du Komondor ou de trois Bergers de plaine polonais de pure race échangés par des marchands en 1514. Employé depuis sa création à la conduite et la garde des troupeaux d'ovins, il sait résister aux dures conditions hivernales régnant dans les Highlands. Il y avait, à l'origine, deux souches de Bearded Collies, celle des Borders, à la robe grise et blanche, et celle des Highlands, bruns et blancs et dont le poil tendait à boucler. Le croisement des deux souches au cours des siècles a fait disparaître les boucles.

Alerte et sûr de lui, le Bearded Collie est un chien actif, de bonne nature et très doux avec les enfants. Il fait un excellent compagnon et un concurrent de première catégorie dans les concours, notamment en obéissance. Il aime prendre beaucoup d'exercice. Son poil nécessite un bain occasionnel, un brossage quotidien achevé par un peignage léger.

Soins et entretien

4   3   2   1

4   3   2   1

4   3   2   1

4   3   2   1

Caractères de la race

Classification 1er groupe, section 1, chiens de berger.

Taille *Mâle* : de 52 à 58 cm. *Femelle* : de 49 à 54 cm.

Poids De 25 à 30 kg.

Poil Long, plat, rêche et très fourni, pouvant être légèrement ondulé mais non bouclé. Sous-fourrure douce et serrée.

Robe Gris ardoise ou autres nuances, fauve rougeâtre, noire, bleue, brune ou sable, avec ou sans marques blanches.

Yeux Dans le ton de la robe

Tête large et plate

Oreilles De taille moyenne, tombantes

Queue Implantée bas, sans nœud ni torsion

Tronc Long

Border Collie

Caractères de la race

Classification 1er groupe, section 1, chiens de berger.

Taille *Mâle* : de 50 à 55 cm.
Femelle : de 47 à 52 cm.

Poids De 15 à 20 kg.

Poil *Deux variétés* : court et mi-long ; épais et droit dans les deux cas. Sous-poil dense et doux.

Robe Généralement pie, mais toutes les variétés de coloration sont admises ; le blanc ne doit jamais être dominant.

L'actuel Border Collie est un descendant des chiens de berger qui travaillaient jadis dans les comtés de la région des Borders, frontière entre l'Angleterre et l'Écosse. Élevé pour sa vigueur et sa psychologie, le Border Collie possède dès sa prime jeunesse un instinct naturel du troupeau, apprenant son travail en observant les chiens plus expérimentés. Il s'est également distingué comme concurrent sans égal des travaux d'agilité et d'obéissance. Quoiqu'inadapté à une existence ne lui offrant pas suffisamment d'occasions de dépenser son énergie débordante et mettre à profit son intelligence naturelle, le Border Collie est de plus en plus souvent choisi comme chien domestique.

Ce chien fidèle nécessite énormément d'exercice, mais son poil un simple entretien régulier à l'aide d'une brosse à bouchonner et d'un peigne. Pour celui qui souhaite remporter les concours d'obéissance, il représente le choix idéal.

Yeux Ovales et bien écartés

Tête Crâne large sur cou légèrement arqué

Oreilles De taille moyenne et largement écartées

Queue Modérément longue

Tronc Athlétique

Bobtail

On pense que le Bobtail a été développé par croisement entre le Briard et le Berger de Russie méridionale, ce dernier ayant lui-même une parenté avec les bergers de Hongrie. Quoi qu'il en soit, le Bobtail existe depuis des siècles en Grande-Bretagne. Dans le passé, le Bobtail a été employé à la conduite et la défense des troupeaux de moutons. Au XVIIIe siècle, en Angleterre, une taxe frappait les possesseurs de chiens de luxe, contrairement aux chiens de berger, dont on coupait la queue pour les distinguer. Cet usage s'est maintenu pour le Bobtail dont le nom signifie d'ailleurs « queue coupée ».

Le Bobtail est un chien doux, heureux avec l'homme, les enfants et les autres animaux. Il jouit d'un tempérament sain et se montre un adorable compagnon pour peu qu'on lui offre de l'espace et la possibilité de se dépenser autant qu'il le souhaite. Il est toutefois assez gros, lourd et exubérant. La préparation aux concours demande plusieurs heures de toilettage.

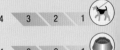

Soins et entretien

4	3	2	1
4	3	2	1
4	3	2	1
4	3	2	1

Caractères de la race

Classification 1er groupe, section 1, chiens de berger.
Taille *Mâle* : 61 cm.
Femelle : 56 cm.
Poids De 25 à 30 kg.
Poil Long et bien fourni mais sans excès, de texture bien rêche. Sous-poil feutré imperméable.
Robe Bleue ou grise de toute nuance, avec la tête, l'encolure et les membres antérieurs blancs.

Yeux Bien écartés

Tête Proportionnée au corps

Oreilles Petites et plaquées sur les côtés de la tête

Queue Coupée près du corps

Tronc Court et compact

Berger des Shetland

Le Berger des Shetland, qui répond aussi au doux diminutif anglais de « Sheltie », est originaire des îles du même nom, situées au large des côtes nord de l'Écosse, où il est élevé depuis plus de 145 ans. Avec son épaisse double fourrure qui le protège du rude climat de sa terre natale, il ressemble à un Colley à poil long en miniature. On pense qu'il est issu de bergers de type colley, de races nordiques comme le Chien d'Islande ou le Yakin qui, jadis, atteignaient parfois ces îles sur les baleiniers, ainsi que de l'Épagneul King-Charles.

Ce chien représente un excellent choix pour celui qui recherche un compagnon pour toute la famille, intelligent et fidèle, aimant l'exercice, les enfants et qui soit, en outre, un bon sujet d'expositions canines et de concours d'obéissance. Il nécessite un entretien quotidien à l'aide d'une brosse à soies dures et d'un peigne. Malgré ses origines septentrionales, il n'est pas fait pour vivre dehors en chenil.

Oreilles Petites, modérément larges à la base

Tête Raffinée, sur cou musculeux arqué

Yeux De taille moyenne, en amande et obliques

Queue Implantée bas, s'effilant vers l'extrémité

Tronc Dos droit

Les chiens de berger et de bouvier
Colley à poil court

Le Colley à poil court, tout à fait semblable au Colley à poil long, n'en diffère que par le poil qu'il porte court et plat, de texture rêche, avec une sous-fourrure très dense. Les ancêtres de ces deux races arrivèrent en Écosse il y a plus de 400 ans, en provenance d'Islande, et furent employés comme bergers. Les deux formes modernes remontent à un chien tricolore du nom de « Trefoil », né en 1873.

Le Colley à poil court présente le même tempérament que son homologue à poil long. Malheureusement, bien qu'il jouisse des mêmes qualités que ce dernier, on ne le rencontre que rarement. Sa variété – plus que race, en fait – possède néanmoins son petit groupe d'inconditionnels, surtout en Grande-Bretagne, et produit d'excellents sujets pour les concours de beauté et d'obéissance. Son entretien et les soins à apporter au poil sont également semblables. Reportez-vous donc à la page suivante.

Soins et entretien

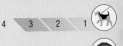

4	3	2	1
4	3	2	1
4	3	2	1
4	3	2	1

Caractères de la race

Classification 1er groupe, section 1, chiens de berger.
Taille *Mâle* : de 56 à 61 cm.
Femelle : de 51 à 56 cm.
Poids *Mâle* : de 20,5 à 29,5 kg.
Femelle : de 18 à 25 kg.
Poil Court, rêche et lisse, avec sous-poil doux et dense.
Robes Toutes sont admises ; souvent blanche et sable, tricolore (noire, blanche et feu) ou bleu merle.

Tête Apparaît légère proportionnellement au corps

Oreilles Petites et pas trop proches l'une de l'autre

Yeux De taille moyenne, en amande

Queue Longue et généralement portée bas

Tronc Un peu long par rapport à sa hauteur

Colley à poil long

Caractères de la race

Classification 1er groupe, section 1, chiens de berger.

Taille *Mâle* : de 56 à 61 cm.
Femelle : de 51 à 56 cm.

Poids *Mâle* : de 20 à 29 kg.
Femelle : de 18 à 25 kg.

Poil Poil de garde long, droit et très dense, rêche au toucher ; sous-fourrure douce et très serrée.

Robe Toutes sont admises ; souvent blanche et sable, tricolore (noire, blanche et feu) ou bleu merle.

Le plus mondialement célèbre des colleys est sans aucun doute Lassie, vedette du cinéma américain, qui contribua fortement à la renommée de la race. Le mot « colley », qui, étymologiquement, proviendrait de *coal*, signifiant « charbon », est un terme écossais désignant une race de mouton à masque et à pattes noirs, que le chien garda pendant des siècles dans les Highlands. La beauté de la race fut probablement rehaussée par l'introduction de sang Barzoï et Setter Gordon. De nos jours, elle ne travaille plus mais a conservé du berger qu'elle était, toute l'intelligence, la robustesse et l'excellente vue.

Suspicieux vis-à-vis des étrangers, le Colley fait un excellent gardien. Il est, pour son maître, d'une fidélité et d'une affection suprêmes et se montre généralement digne de confiance avec les enfants. C'est un plaisir que de le dresser. Il réclame beaucoup d'exercice mais, malgré son épaisseur, sa fourrure n'est pas difficile à entretenir.

Yeux De taille moyenne, en amande

Tête Apparaît légère proportionnellement au corps

Oreilles Petites et pas trop proches l'une de l'autre

Queue Longue

Tronc Un peu long par rapport à sa hauteur

Hungarian Puli

4	3	2	1	
4	3	2	1	
4	3	2	1	
4	3	2	1	

Le Puli serait le descendant des chiens de bergers introduits dans la Puszta hongroise par les Magyars il y a plus de 1 000 ans. Depuis des siècles qu'il garde les troupeaux de moutons dans la grande plaine, ce chien est habitué à la vie au grand air, et fut même employé à la chasse au gibier d'eau et comme auxiliaire de police. Pourtant, il a parfaitement su s'adapter au rôle de chien d'intérieur et de compagnie. Aujourd'hui, le Puli a largement franchi les frontières de son pays natal puisqu'il est le plus connu de tous les chiens de berger hongrois.

Le Puli est un chien fidèle, dévoué, obéissant et intelligent, doux avec les autres animaux de compagnie et long à se mettre en colère. Il se montre en revanche très réservé avec les personnes n'appartenant pas à sa famille. Pour s'entretenir, il a besoin de beaucoup d'exercice. Les cordes de son pelage, qui lui donnent un aspect négligé, doivent être séparées à la main, brossées et peignées.

Caractères de la race

Classification 1er groupe, section 1, chiens de berger.
Taille *Mâle* : de 40 à 44 cm.
Femelle : de 37 à 41 cm.
Poids *Mâle* : de 13 à 15 kg.
Femelle : de 10 à 13 kg.
Poil Dense, protégeant l'animal des intempéries ; poil de garde ondulé ou bouclé, sous-poil doux et laineux ; c'est la bonne proportion des deux qui crée les cordes recherchées.
Robe Unies ; noire, noir rouille, grise ou abricot de différentes nuances. Le blanc pur est très recherché pour les chiens de compagnie.

Yeux De taille moyenne

Tête Petite et fine, avec crâne légèrement arrondi

Oreilles Insérées un peu en dessous du sommet du crâne

Queue De longueur moyenne et enroulée sur les reins

Tronc Garrot légèrement plus haut que la ligne du dos

Berger de Brie

Appelé couramment Briard, le Berger de Brie est le plus connu des chiens de berger français. Ses ancêtres arrivèrent probablement en Europe avec les grandes invasions asiatiques au Moyen Âge. Plus près de nous, il aurait des liens avec le Berger de Beauce, dont il serait le produit d'un croisement avec le Barbet. Le Berger de Brie s'est fait connaître en dehors de nos frontières en partie à travers son rôle de transporteur de munitions dans l'armée française et par le rôle qu'il joua au sein de la Croix Rouge durant la Première Guerre mondiale.

Le Berger de Brie est d'une douce nature et fait un bon chien de compagnie ou de ferme, pourvu qu'il dispose de la place nécessaire. Il est doux avec les enfants, intelligent et sans peur. Bien qu'il mette un point d'honneur à se faire sa propre toilette, il réclame des brossages réguliers. Comme tous les chiens de berger, il lui faut beaucoup d'exercice, se montrant totalement inadapté aux espaces étriqués.

Soins et entretien

1   2   3   4

1   2   3   4

1   2   3   4

1   2   3   4

Caractères de la race

Classification 1er groupe, section 1, chiens de berger.

Taille *Mâle* : de 62 à 68 cm.
Femelle : de 56 à 64 cm.

Poids De 25 à 30 kg.

Poil Long et légèrement ondulé, sec au toucher ; sous-poil fin et dense.

Robe Noir uni ou ardoisé, avec quelques poils blancs dispersés ; fauve uni de toutes nuances, les plus sombres étant préférées. Le blanc, le marron, l'acajou unis, ainsi que les robes bicolores, ne sont pas admises.

Tête Crâne fort et légèrement arrondi

Yeux Foncés, très écartés et horizontaux

Oreilles Implantées haut

Queue Longue et bien frangée, avec crochet vers le haut à l'extrémité

Tronc Vigoureux, à dos droit et poitrail large

Bouvier australien

Le Bouvier australien est un superbe chien de travail qui conduit les troupeaux en venant mordiller les pieds du bétail. La race remonte au Smithfield, aujourd'hui éteint, qui fut décrit comme un gros animal plutôt gauche. En 1840, elle reçut du sang neuf du Dingo, du Berger australien, du Dalmatien et du Colley à poil ras à robe bleue. L'animal a sans aucun doute emprunté au Dingo son odorat et son ouïe très développés, ses manières furtives, sa rapidité et sa vigueur, ainsi que sa résistance aux climats chauds et secs, qui en font un chien parfaitement adapté au décor australien. L'apport du Berger australien a également contribué à ses talents de talonneur.

Le Bouvier australien est intelligent et jouit d'un bon caractère. Au travail, c'est le berger suprême, capable de couvrir sans peine des distances considérables, nécessitant donc une quantité d'exercice non moins considérable. Son poil saura tirer profit d'un vigoureux brossage quotidien.

Soins et entretien

4	3	2	1	
4	3	2	1	
4	3	2	1	
4	3	2	1	

Caractères de la race

Classification 1er groupe, section 2, chiens de bouvier.
Taille *Mâle* : 56 cm environ.
Femelle : 48 cm environ.
Poids De 15 à 20 kg.
Poil Mi-long, couché et lisse, droit et dur, imperméable. Sous-poil court et dense.
Robe Bleue, mouchetée ou non de noir ou de marron, avec, sur la tête, présence ou non de marques noires, bleues ou feu, de préférence régulièrement réparties ; rouge moucheté, avec, sur la tête, présence ou non de marques rouges plus sombres.

Tête Crâne large, légèrement incurvé entre les oreilles

Oreilles De taille modérée à petite

Yeux Ovales, alertes et intelligents

Queue Implantée bas, prolongeant la ligne de la croupe

Tronc Légèrement long

Lancashire Heeler

Caractères de la race

Classification Non reconnu par la Fédération cynologique internationale.

Taille *Mâle* : 30 cm. *Femelle* : 25 cm.

Poids De 3,5 à 5,4 kg.

Poil Court et lisse.

Robe Noire avec marques feu intenses sur le museau, sous forme de points sur les joues et souvent au-dessus des yeux, des genoux jusqu'aux pieds, avec taches sombres souhaitées au-dessus des pieds, à l'intérieur des membres et sous la queue.

Court sur pattes et habillé de noir et feu, le Lancashire Heeler est connu dans son comté anglais d'origine depuis longtemps pour ses qualités de ratier et de chien sportif. Comme son nom le suggère, il a été développé pour la conduite des troupeaux de bovins, tâche qu'il assure en mordillant le bétail aux pieds. Il excelle également à la chasse au lapin. Mais c'est une race très confidentielle, rare au-delà du nord de l'Angleterre avant les années 1980 et encore peu connue aujourd'hui en dehors du Royaume-Uni. Elle n'est d'ailleurs pas enregistrée par la FCI. Le Kennel Club britannique lui a attribué un standard provisoire en 1986.

Le Lancashire Heeler est un petit chien gai et affectueux, à l'aise avec l'homme et les autres animaux de compagnie. Il se contente de relativement peu d'exercice et d'un brossage quotidien.

Yeux De taille moyenne et en amande

Oreilles Dressées

Tête Crâne plat

Queue Implantée haut

Tronc Vigoureux, à dos droit et côtes bien cintrées

Buhund norvégien

Les Sagas d'Islande, contes et légendes datant de 900 à 1300, relatent que des chiens furent introduits dans cette île par les colonisateurs norvégiens en l'an 874. Il s'agissait de représentants du Buhund norvégien, un type de spitz qui fut à l'origine de toutes les races locales. Ces dernières, comme le Chien d'Islande, présentent de fait avec lui de fortes ressemblances. En Norvège, le Buhund est employé comme chien de garde, de ferme, de conduite des troupeaux d'ovins, de bovins et de poneys, et constitue l'une des races nationales. Peu connu hors de sa terre natale en dépit de sa longue histoire, il a tout de même su s'attirer, dans certains pays d'Europe, les faveurs d'amateurs inconditionnels.

Le Buhund norvégien est berger et gardien par nature. Doux et amical, il est aussi pour les enfants un compagnon de jeux excellent et fiable. Il demande beaucoup d'exercice et son poil un entretien quotidien, à l'aide d'une brosse et d'un peigne.

Soins et entretien

4　3　2　1
4　3　2　1
4　3　2　1
4　3　2　1

Caractères de la race

Classification 5e groupe, section 3, chiens nordiques de garde et de berger.
Taille *Mâle* : de 43 à 47 cm.
Femelle : de 41 à 45 cm.
Poids *Mâle* : de 14 à 18 kg.
Femelle : de 12 à 16 kg.
Poil Dur, lisse et couché, avec sous-poil doux et épais.
Robe Froment (biscuit), d'assez clair à rouge jaunâtre ; noire, de préférence unicolore.

Tête Légère et large entre les oreilles

Yeux Brun foncé et ovales

Oreilles Implantées haut

Queue Courte, épaisse, implantée haut et portée légèrement enroulée sur le dos

Tronc Court et fort

Vallhund suédois

Caractères de la race

Classification 5e groupe, section 3, chiens nordiques de garde et de berger.

Taille *Mâle* : 33 cm.
Femelle : 31 cm.

Poids De 9 à 14 kg.

Poil De longueur moyenne, rêche et serré, avec sous-poil doux et laineux.

Robe Gris acier, brun grisâtre, jaune grisâtre, jaune rougeâtre ou brun rougeâtre ; poils de garde plus sombres sur le dos, l'encolure et les côtés du corps ; nuance plus claire de la même couleur souhaitable sur le museau, la gorge, le poitrail, le ventre, les fesses, les pieds et les jarrets ; à la place de ces nuances plus claires, des marques blanches sont acceptables en petite quantité.

Ce chien ressemble de près au Welsh Corgi, quoiqu'un peu plus haut de membres et plus court de corps. Il existe sans aucun doute des liens entre les deux races, mais on ignore si ce sont des corgis rapportés en Suède par les Vikings qui ont donné le Vallhund, ou au contraire des sujets suédois importés en Angleterre qui sont à l'origine des corgis. Comme ces derniers, le Vallhund est un extraordinaire chien de troupeau, que les bovins les plus intraitables n'impressionnent pas.

Aussi appelé Chien des Goths, cet animal est un petit compagnon amical, fidèle et affectueux, notamment avec les enfants, et décrit par son propre standard comme actif et désireux de plaire. C'est un excellent compagnon pour toute la famille, mais qui nécessite beaucoup d'exercice et s'adapte mal à la vie en appartement.

Yeux De taille moyenne

Tête Assez longue

Oreilles Pointues, de taille moyenne

Queue Deux types : longue ou courte de nature

Tronc Bien musclé, dos droit

Welsh Corgi Pembroke

Le Welsh Corgi Pembroke, favori de la cour royale britannique, est employé dans le sud du Pays de Galles au moins depuis 1086. Jadis, son travail consistait à contrôler les mouvements du bétail en venant mordre les bêtes aux chevilles. La race a peut-être été introduite au Pays de Galles par des tisserands flamands qui s'installèrent dans cette région et croisèrent leurs chiens avec des bergers locaux, à moins qu'elle ne descende du Vallhund suédois (voir p. 95).

Les Corgis sont des petits chiens extrêmement actifs et dévoués, généralement doux avec les enfants. Ils font de bons gardiens et d'excellents concurrents des concours de beauté et d'obéissance. Toutefois, le manque d'exercice peut entraîner chez eux une tendance à l'embonpoint. Leur poil imperméable nécessite un brossage quotidien.

Soins et entretien

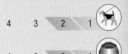

4	3	2	1
4	3	2	1
4	3	2	1
4	3	2	1

Caractères de la race

Classification 1er groupe, section 1, chiens de berger.
Taille De 25,4 cm à 30,5 cm.
Poids *Mâle* : de 10 à 12 kg.
Femelle : de 10 à 11 kg.
Poil Mi-long et droit, avec sous-poil dense ; jamais ondulé, ni doux, ni trop dur.
Robe Rouge, fauve charbonné, fauve, noir et feu, avec ou sans marques blanches sur les membres, le poitrail et l'encolure. Le blanc sur la face et la tête est admis en petite quantité.

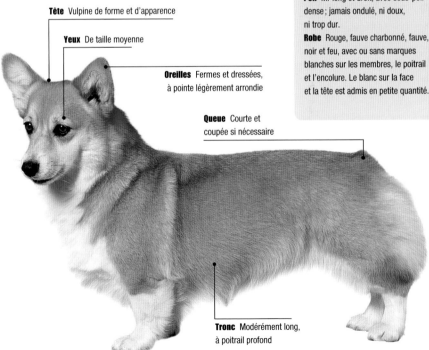

Tête Vulpine de forme et d'apparence

Yeux De taille moyenne

Oreilles Fermes et dressées, à pointe légèrement arrondie

Queue Courte et coupée si nécessaire

Tronc Modérément long, à poitrail profond

Welsh Corgi Cardigan

Caractères de la race

Classification 1er groupe, section 1, chiens de berger.

Taille Environ 30 cm.

Poids Doit être adapté à la taille, c'est-à-dire environ 19 kg pour les mâles et 16 kg pour les femelles.

Poil Court ou mi-long, de texture dure, à l'épreuve des intempéries; sous-poil court et épais.

Robe Toutes les colorations sont admises, avec ou sans marques blanches mais celles-ci ne doivent pas être dominantes.

On dit du Welsh Corgi de la variété Cardigan, plus rare mais possédant des origines similaires, qu'il est d'un tempérament un peu plus égal que le Pembroke. Il s'en distingue au premier coup d'œil par la présence de sa queue, touffue comme celle d'un renard; celle du Pembroke est en effet absente ou écourtée. Ce chien présente une conformation fonctionnelle : il est robuste, agile et assez résistant pour conduire des troupeaux de bétail sauvage, de vaches laitières ou de poneys de montagne. Il a également servi comme chien de chasse et de recherche du gibier, ainsi que comme chien de surveillance des enfants et de compagnie.

Le Cardigan est probablement moins hardi que le Pembroke. Son éducation réclame cohérence et fermeté pour éviter les problèmes de comportement. Il réussit bien en concours d'obéissance et d'agilité.

Tête Vulpine de forme et d'apparence

Yeux De taille moyenne

Oreilles Dressées

Queue Touffue, implantée dans le prolongement du tronc

Tronc Poitrail modérément large, avec sternum proéminent

Berger d'Anatolie

Signalés dès l'époque babylonienne (2800-1800 av. J.-C.), des chiens de cette carrure et cette puissance se rencontraient jadis depuis le plateau turc d'Anatolie jusqu'à l'Afghanistan, employés comme chiens de guerre et de chasse au gros gibier. Plus couramment, ils gardaient les moutons. Les bergers leur coupaient alors les oreilles et leur faisaient porter des colliers à pointes pour les aider à se défendre et protéger les troupeaux des prédateurs. Issu de ces lointains ancêtres, le Berger d'Anatolie assure encore cette tâche aujourd'hui.

Ce chien puissant, fidèle et affectueux est doux avec les siens, notamment avec les enfants de la famille. Mais c'est avant tout un gardien, éminemment réceptif au dressage, qui peut être très agressif avec les étrangers et doit donc être parfaitement contrôlé. Inadapté à la vie en ville et aux espaces confinés, il a besoin d'énormément d'exercice. Malgré sa tendance naturelle à assurer sa propre toilette, il doit être brossé régulièrement.

Caractères de la race

Classification 2e groupe, section 2.2, chiens molossoïdes de type montagne.
Taille *Mâle* : de 74 à 81 cm.
Femelle : de 71 à 79 cm.
Poids *Mâle* : de 50 à 65 kg.
Femelle : de 40 à 55 kg.
Poil Court ou mi-long, dense, avec sous-poil épais.
Robe Toutes colorations admissibles, la plus souhaitée étant crème à fauve uni, avec masque et oreilles noirs.

Yeux Petits

Tête Grosse, large et plate entre les oreilles

Oreilles De taille moyenne, triangulaires, arrondies à l'extrémité

Queue Longue

Tronc Poitrail profond

Berger allemand

On a dit du Berger allemand qu'il pourrait être le descendant des loups de l'âge du bronze. Quoi qu'il en soit, dès le VIIe siècle, il existait en Allemagne un chien de berger de type similaire mais à la robe plus claire. Celle-ci se serait assombrie notablement au XVIe siècle. Extrêmement intelligent, le Berger allemand peut être tout à la fois chien de compagnie, de concours, d'obéissance et de garde, à condition d'avoir reçu un dressage sans faille. Celui qui veut en faire un chien de garde et de défense devra pouvoir à tout moment le contrôler, ce qui implique un apprentissage précoce à l'obéissance auquel la race se plie très bien, mais il est conseillé de le confier à un dresseur professionnel pour éviter tout accident.

Élevé dès le début – mais avec la même justesse et la même fermeté – au sein de la famille, il deviendra un adorable compagnon, calme, affectueux et doux avec les enfants. Il lui faut beaucoup d'exercice et c'est par-dessus tout dans le travail qu'il s'épanouit. Il apprécie un vigoureux brossage quotidien.

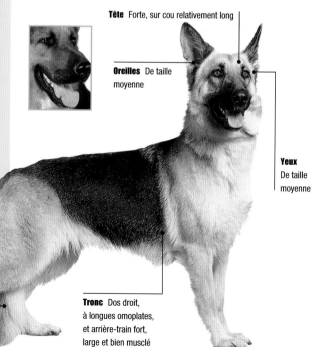

Tête Forte, sur cou relativement long

Oreilles De taille moyenne

Yeux De taille moyenne

Queue Longue et touffue

Tronc Dos droit, à longues omoplates, et arrière-train fort, large et bien musclé

Bergers belges

Cette race compte en fait quatre variétés : le Grœnendael (à poil long et robe noire), le Tervueren (à poil long et robes autres que noire), le Malinois (à poil court) et le Laekenois (à poil dur). Toutes ont été développées à partir des nombreux chiens de berger de différentes colorations et tailles qui existaient en Belgique à la fin du XIXe siècle. Vers 1890, Nicolas Rose, du Café du Grœnendael, près de Bruxelles, découvrit dans une portée une petite chienne noire à long poil. Il acquit un sujet similaire et, grâce à une sélection très rigoureuse, produisit le Grœnendael, la variété la plus populaire de Berger belge. Par ailleurs, en 1891, l'université vétérinaire de Bruxelles, qui souhaitait éclaircir la classification des bergers belges existants, entreprit un travail qui devait aboutir à la sélection et au développement des quatre variétés reconnues de nos jours. Chacune possède un standard à part entière.

Caractères de la race

Classification 1er groupe, section 1, chiens de berger.
Taille *Mâle* : de 60 à 66 cm.
Femelle : de 56 à 62 cm.
Poids *Mâle* : de 25 à 30 kg.
Femelle : de 20 à 25 kg.
Poil *Grœnendael et Tervueren* : long, droit et abondant, avec un sous-poil extrêmement dense. *Malinois* : très court sur la tête, le derrière des oreilles et la partie inférieure des membres, court sur le reste du corps. *Laekenois* : dur, sec et rude au toucher.
Robe *Grœnendael* : Noir zain uniquement. *Tervueren* : Fauve charbonné et gris charbonné uniquement, sous masque noir. *Malinois* : Fauve charbonné avec masque noir uniquement. *Laekenois* : uniquement fauve avec traces de charbonné, principalement au museau et à la queue. Pour toutes les variétés, un peu de blanc est toléré au poitrail et aux doigts.

Tête Finement ciselée

Oreilles Nettement triangulaires, raides et dressées

Yeux De taille moyenne

Queue De longueur moyenne, fermement implantée et forte à la base

Tronc Puissant mais élégant, à large poitrail

Grœnendael

Le Grœnendael, qui s'est illustré durant les guerres, est aujourd'hui le plus répandu et le plus populaire des Bergers belges.

Malinois

Le plus rustique des Bergers belges et le plus proche, physiquement, du Berger allemand, le Malinois, premier à établir un type parmi la diversité des formes originelles, doit son nom à la région de Malines où il a vu le jour.

Avec leur taille moyenne et leurs proportions harmonieuses, les attentifs et intelligents Bergers belges se révèlent de très bons concurrents des concours d'obéissance et font de très bons chiens de garde. Très protecteurs, ils peuvent être installés en intérieur, pourvu que l'on consacre du temps à un dressage précoce. Il leur faut également beaucoup d'exercice et un entretien régulier du poil.

Laekenois

Le Laekenois, la plus rare des quatre variétés, vient de la région de Boom, près d'Anvers. Son nom est inspiré du château royal de Laeken.

Tervueren

Le Tervueren, à poil long, doit lui aussi son nom à la région de ses origines, où il fut développé par un éleveur local. Le facteur fauve du Tervueren apparaît parfois au sein d'une portée particulièrement claire de Grœnendaels.

Soins et entretien

🐕	1	2	3	4
🥣	1	2	3	4
🪥	1	2	3	4
🏠	1	2	3	4

Les chiens de chasse

Retriever du Labrador

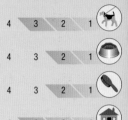

4	3	2	1	
4	3	2	1	
4	3	2	1	
4	3	2	1	

Cette race ne vient pas du Labrador, mais de Terre-Neuve, au Canada, où elle était employée par les pêcheurs pour les aider à ramener leurs filets. On pense qu'elle est née en Angleterre dans le Devon, et qu'elle fut emportée en Amérique du Nord par les pêcheurs. De là, les Terre-Neuvas la réimportèrent en Angleterre dans les années 1830 ; les chiens de cette époque forment la base de la race que nous connaissons aujourd'hui.

Travailleur de première catégorie et fin nageur, le Labrador assume avec le même bonheur le rôle d'animal d'agrément et celui de compagnon de chasse. C'est également un très bon concurrent des expositions canines et des concours d'obéissance et on lui confie fréquemment la charge de guide d'aveugle. Exubérant dans sa prime jeunesse, le Labrador a besoin d'un dressage doux mais ferme. C'est un chien adorable avec les enfants, que rien ne semble jamais mettre en colère. S'accommodant aussi bien de la vie à l'intérieur qu'en chenil, il réclame beaucoup d'exercice et des brossages réguliers.

Caractères de la race

Classification 8ᵉ groupe, section 1, chiens rapporteurs de gibier.
Taille *Mâle* : 56,5 cm environ.
Femelle : 55 cm environ.
Poids De 25 à 30 kg.
Poil Court et dense, sans ondulations ni franges ; sous-poil imperméable.
Robe Unie, noire, brun-jaune ou foie ; les robes jaunes varient du crème clair au roux ; petite tache blanche admise sur le poitrail.

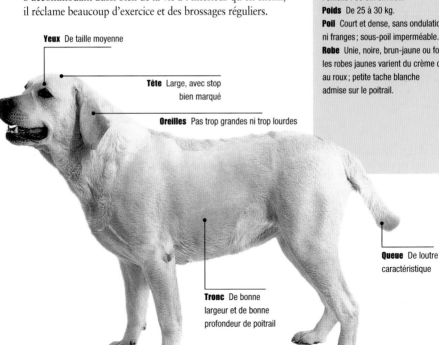

Yeux De taille moyenne

Tête Large, avec stop bien marqué

Oreilles Pas trop grandes ni trop lourdes

Queue De loutre caractéristique

Tronc De bonne largeur et de bonne profondeur de poitrail

Golden Retriever

Caractères de la race

Classification 8ᵉ groupe, section 1, chiens rapporteurs de gibier.

Taille *Mâle* : de 56 à 61 cm.
Femelle : de 51 à 56 cm.

Poids *Mâle* : de 29 à 31,5 kg.
Femelle : de 25 à 27 kg.

Poil Plat ou ondulé, avec franges bien développées ; sous-poil dense et imperméable.

Robe Toutes nuances de doré ou crème (jamais rouge ni acajou) ; quelques poils blancs sont admis sur le poitrail uniquement.

Le Golden Retriever fut créé dans les années 1850 par Lord Tweedmouth, qui était responsable, dans les Highlands, en Écosse, du développement d'une souche de retrievers-spaniels. Il voulait produire un chien capable de travailler sous les couverts denses, de nager vigoureusement, et d'aller chercher le gibier dans les eaux froides et le rapporter. Ces capacités, alliées à la bonne nature de ce chien, lui ont vite assuré une immense popularité, à l'échelon mondial.

Le Golden Retriever est un excellent chien de chasse, rôle qu'il associe parfaitement à celui de chien de compagnie. Il fait preuve en effet d'un comportement sain et de beaucoup de douceur avec les enfants. Superbe animal, c'est également un sujet de concours très populaire, se comportant très bien dans les épreuves d'obéissance. Il lui faut beaucoup d'exercice et c'est à la campagne qu'il sera le plus heureux. Il saura toutefois s'adapter au milieu urbain, pourvu qu'il dispose d'un jardin et qu'il puisse s'offrir de longues promenades. Son poil réclame des brossages réguliers.

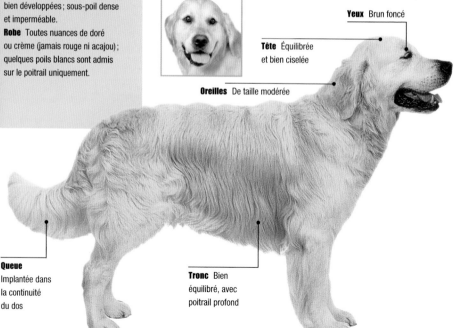

Yeux Brun foncé

Tête Équilibrée et bien ciselée

Oreilles De taille modérée

Queue Implantée dans la continuité du dos

Tronc Bien équilibré, avec poitrail profond

Retriever à poil bouclé

Soins et entretien

4	3	2	1	🐕
4	3	2	1	🍽
4	3	2	1	🧹
4	3	2	1	🏠

Tout chez le Retriever à poil bouclé nous ramène au Chien d'eau irlandais et au Caniche moyen. Le Labrador, de toute évidence, a également contribué pour une part à la production de cette très belle race.

Le Retriever à poil bouclé dispose d'un excellent odorat et d'une très bonne mémoire. C'est un meilleur gardien que les autres retrievers et, bien que faisant preuve d'un certain défaut de sociabilité sur le terrain avec ses collègues canins, il sait généralement associer les rôles de chien de travail et de compagnie. Mais il lui faut beaucoup se dépenser et un milieu rural où il peut courir à sa guise lui est nécessaire. Son poil bouclé ne réclame ni brossage, ni peignage. Il faut seulement l'humidifier et le frotter de mouvements circulaires. Quant au toilettage en vue de présentation en concours, il sera préférable de prendre l'avis d'un spécialiste.

Caractères de la race

Classification 8e groupe, section 1, chiens rapporteurs de gibier.
Taille *Mâle* : 67,5 cm environ.
Femelle : 62,5 cm environ.
Poids De 31,5 à 36 kg.
Poil Une masse de poils courts formant des petites boucles serrées sur tout le corps, excepté la face.
Robe Noire ou marron foie.

Yeux Noirs ou brun foncé

Tête Longue et bien proportionnée

Oreilles Petites et implantées bas

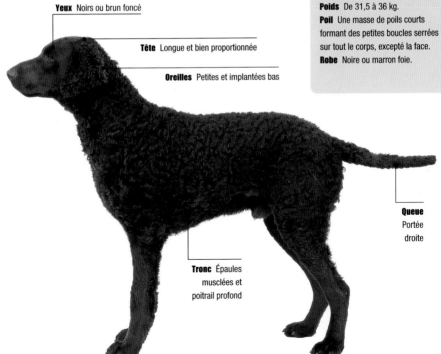

Queue Portée droite

Tronc Épaules musclées et poitrail profond

Retriever à poil plat

Caractères de la race

Classification 8e groupe, section 1, chiens rapporteurs de gibier.

Taille *Mâle* : de 59 à 61,5 cm.
Femelle : de 56,5 à 59 cm.

Poids *Mâle* : de 27 à 36 kg.
Femelle : de 25 à 32 kg.

Poil Dense, de texture fine à moyenne, mi-long et plaqué.

Robe Unie, noire ou marron foie.

Jadis connue sous le nom de Retriever à poil ondulé, cette race a probablement été développée à partir de labradors et de spaniels. Sans doute, du sang de colley lui fut-il également injecté pour produire le poil plaqué. C'est en tous cas vers 1800 qu'elle fut fixée, dans les West Midlands, en Grande-Bretagne. Son nez, s'il n'est pas le meilleur, est toutefois assez subtil pour en faire un excellent chien d'eau et sauvaginier, supérieur dans l'art de rapporter le gibier.

Intelligent et sain, fidèle et affectueux, le Retriever à poil plat peut certes faire un bon chien de compagnie, mais il est réservé le plus souvent à la chasse, travail auquel il fut destiné dès sa création et dans lequel il s'épanouit pleinement. Particulièrement résistant, beaucoup de maîtres choisissent de l'installer à l'extérieur dans un chenil. Mais comme la plupart des chiens de chasse, ce retriever doit pouvoir prendre beaucoup d'exercice et être brossé quotidiennement.

Yeux De taille moyenne

Tête Longue et bien moulée

Oreilles Petites, bien implantées et près de la tête

Queue Droite et bien implantée

Tronc Fort, avec poitrail profond

Retriever de la baie de Chesapeake

Les origines lointaines du Retriever de la baie de Chesapeake sont moins obscures que celles de bon nombre d'autres races. On peut en effet remonter sa lignée jusqu'en 1807, aux États-Unis, année où un brick anglais fit naufrage au large des côtes du Maryland. Un navire américain, le *Canton*, se porta au secours de l'équipage, avec lequel se trouvaient deux chiots de Terre-Neuve. L'un était un mâle répondant au nom prédestiné de Sinbad et que l'on décrivit de couleur rouge terne, l'autre une chienne noire qui fut dénommée Canton, comme le bateau qui l'avait sauvée.

Les chiots furent offerts en cadeau aux familles qui avaient recueilli les marins anglais rescapés ; tous deux furent dressés à rapporter le canard lors des chasses. Là, ils s'accouplèrent à différentes races de travail de la baie de Chesapeake, parmi lesquelles se trouvaient probablement le Chien de loutre et les Retrievers à poil bouclé et à poil plat. Les accouplements produisirent une variété de chiens dotés à la fois des aptitudes à la nage du Terre-Neuve et des capacités de retriever des chiens locaux.

Les yeux ambre-jaune sont tout à fait caractéristiques de cette race de retriever, de même que l'ondulation du poil sur l'encolure, le dos et les reins.

Jusqu'à une date assez récente, le Retriever de la baie de Chesapeake était uniquement utilisé comme chien de chasse. Mais il commence à faire son apparition au sein des foyers comme animal de compagnie et dans les cercles cynophiles.

C'est un chien de bonne nature qui donne de bons résultats en « field trial ». Ses yeux sont de couleur jaune-orange et son poil huileux, qui nécessite des brossages réguliers, dégage une odeur légère mais non déplaisante. Comme tous les chiens de chasse, il a besoin de beaucoup d'exercice et s'épanouit mieux dans un environnement où il dispose de l'espace pour bouger à sa guise.

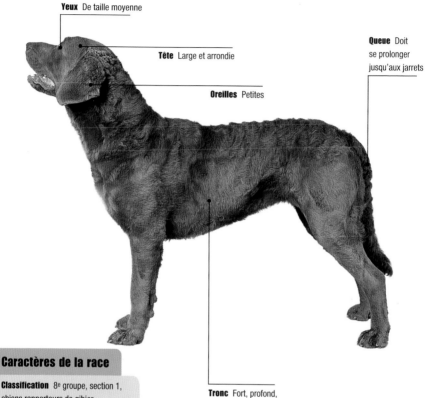

Yeux De taille moyenne

Tête Large et arrondie

Oreilles Petites

Queue Doit se prolonger jusqu'aux jarrets

Tronc Fort, profond, à poitrail large

Caractères de la race

Classification 8e groupe, section 1, chiens rapporteurs de gibier.
Taille *Mâle* : de 58 à 66 cm.
Femelle : de 53 à 61 cm.
Poids *Mâle* : de 29 à 34 kg.
Femelle : de 25 à 29 kg.
Poil C'est l'un des traits distinctifs de la race : épais et relativement court (pas plus de 3,8 cm de long), avec poils de garde rêches et huileux et sous-poil fin, dense et laineux.
Robe Unie, de toute nuance du jaune paille au brun foncé, en passant par le rouge doré ; des taches blanches, le plus réduites possibles, sont admises sur le poitrail, les doigts et le ventre.

Soins et entretien

	1	2	3	4
	1	2	3	4
	1	2	3	4
	1	2	3	4

Les chiens de chasse

Retriever de la Nouvelle-Écosse

Originaire des provinces maritimes du Canada, le Retriever de la Nouvelle-Écosse est probablement issu du Retriever de la baie de Chesapeake et du Golden Retriever. Avec la tête de ce dernier, il présente une ossature robuste, notamment des membres puissants aux pieds palmés. L'originalité de ce chien tient à sa façon de travailler. Il « appelle » en frappant l'eau le long de la berge, ce qui attire l'attention des oiseaux aquatiques. Par curiosité ou colère, ces derniers finissent par s'approcher à portée de fusil du chasseur embusqué. L'animal se jette ensuite à l'eau pour rapporter le gibier tué.

Ce retriever est calme et facile à dresser. Comme beaucoup de chiens de chasse, il peut être un excellent animal de compagnie pourvu qu'il puisse prendre beaucoup d'exercice. Son poil nécessite un entretien régulier à l'aide d'une brosse dure et d'un peigne.

Soins et entretien

4   3   2   1

4   3   2   1

4   3   2   1

4   3   2   1

Caractères de la race

Classification 8e groupe, section 1, chiens rapporteurs de gibier.
Taille *Mâle* : de 49 à 55 cm.
Femelle : de 43 à 49 cm.
Poids 25 kg environ.
Poil Imperméable ; mi-long et plaqué, avec épais sous-poil ondulé.
Robe Rousse, avec marque blanches sur le poitrail, les pieds, le bout de la queue et parfois sur la face.

Oreilles Triangulaires, implantées haut

Tête Large, avec stop bien marqué

Yeux En amande

Queue Large à la base, luxuriante et bien frangée

Pieds Palmés

Clumber Spaniel

Le Clumber est le plus lourd de tous les spaniels, comptant parmi ses ancêtres le Basset Hound et une race de spaniel alpin aujourd'hui éteinte. C'est un chien rural, digne de confiance, lent mais sûr, excellent leveur de gibier et retriever, notamment en terrain accidenté. Né en France, il fut développé avant la Révolution française par le duc de Noailles et la race acquit un certain renom pour ses performances à la traque et ses capacités à rapporter le gibier. En 1789, l'aristocrate français confia ses chiens au duc de Newcastle, dont la résidence de Clumber Park, près de Nottingham, en Angleterre, a inspiré le nom de la race. Le duc de Noailles devait trouver la mort durant la Révolution mais ses chiens lui survécurent.

Le Clumber est doté d'un bon caractère, ce qui en fait un agréable chien de compagnie. Mais il est beaucoup mieux adapté au rôle de chien de chasse en milieu campagnard. Son poil nécessite des brossages assez fréquents et il faut s'assurer que de la boue ne vienne pas se loger entre ses doigts.

Yeux Ambre foncé, un peu enfoncés

Tête Massive, carrée, de longueur moyenne

Oreilles Larges, en forme de feuille de vigne

Queue Implantée bas

Tronc Long, lourd et près du sol, avec poitrail profond

Cocker américain

Le Cocker américain doit son nom à la prédilection de son cousin le Cocker anglais (voir p. 114) dont il est issu, pour ce que les Anglo-Saxons appellent le *cocking*, c'est-à-dire la chasse à la bécasse. Il possède des origines espagnoles, mais sa lignée remonte à une chienne élevée en Angleterre, répondant au nom de Obo Obo, importée aux États-Unis durant les années 1880.

C'est le club américain du Cocker anglais, créé en 1935, qui contribua à l'établissement de la race américaine. Celle-ci se distingue par sa tête plus courte, son poil extrêmement dense et sa faible stature, mieux adaptée à la chasse du gibier à plume dans le Nouveau Monde, qui présente généralement une plus petite taille qu'en Europe. Elle fut reconnue par l'American Kennel Club en 1946. C'est aujourd'hui le plus petit chien de chasse américain et le plus populaire dans son pays ; c'est lui qui a inspiré le personnage de Belle, dans le célèbre dessin animé de Walt Disney, *Belle et le Clochard*. En France, il fit son apparition au terme de la Seconde Guerre mondiale.

Le Cocker américain porte une fourrure beaucoup plus épaisse que son cousin anglais, marquée par une élégante jupe. C'est un chien efficace dans toutes les tâches de chasse, aussi capable de lever le gibier que de le rapporter. Très répandu en concours dans son pays, c'est également un animal de compagnie raffiné, généralement doux avec les enfants. Il réclame beaucoup d'exercice. Son poil doit être brossé et peigné quotidiennement et, s'il est destiné aux expositions canines, doit subir une taille assez complexe à l'aide d'une paire de ciseaux et d'une tondeuse électrique.

La longue robe soyeuse du Cocker américain, beaucoup plus épaisse que celle du Cocker anglais, requiert des soins attentionnés.

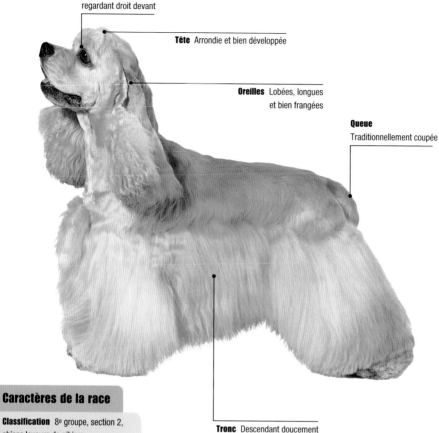

Yeux Pleins,
regardant droit devant

Tête Arrondie et bien développée

Oreilles Lobées, longues
et bien frangées

Queue
Traditionnellement coupée

Tronc Descendant doucement
du garrot à la queue

Caractères de la race

Classification 8e groupe, section 2,
chiens leveurs de gibiers
et broussailleurs.

Taille *Mâle* : de 37 à 40 cm.
Femelle : de 34 à 37 cm.

Poids De 10 à 13 kg.

Poil Court et fin sur la tête,
de longueur moyenne et légèrement
ondulé sur la partie supérieure
du corps ; sous-poil protecteur.

Robe Noire, noir de jais (reflets bruns
ou marron foie indésirables) ; noire et
feu et brune et feu, avec marques feu
bien définies sur le fond noir ou brun ;
tricolore ou particolore (en vue des
concours, consulter les exigences
précises du standard).

Soins et entretien

	1	2	3	4
	1	2	3	4
	1	2	3	4
	1	2	3	4

Cocker anglais

Le Cocker anglais fait partie des spaniels, groupe de chiens de chasse anglais dont l'étymologie du nom situe les origines lointaines en Espagne. Les spaniels sont connus depuis le XIVᵉ siècle. Le Cocker anglais s'est différencié au XIXᵉ siècle, donnant un chien de petite taille fait pour la chasse au petit gibier. Il fut importé en France vers la même époque. Il réussit parfaitement sur notre sol, où s'est développé depuis une grande passion pour les chiens anglais.

Le Cocker, qui est un auxiliaire de chasse de première catégorie, leveur et rapporteur de gibier, se révèle également un chien de compagnie agréable et des plus populaires. Mais il faut chaque jour passer du temps à le brosser, le peigner, et prendre grand soin à supprimer toute trace de boue qui aurait pu se loger entre ses doigts ou dans ses oreilles. Pour éviter que ces dernières ne se salissent, certains maîtres les relèvent et les attachent en arrière pendant que le chien prend son repas. Celui-ci doit pouvoir se dépenser régulièrement.

Soins et entretien

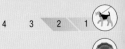

4   3   2   1

4   3   2   1

4   3   2   1

4   3   2   1

Caractères de la race

Classification 8ᵉ groupe, section 2, chiens leveurs de gibier et broussailleurs.
Taille *Mâle* : de 39 à 41 cm.
Femelle : de 38 à 39 cm.
Poids De 12,5 à 14,5 kg.
Poil Plat, de texture soyeuse, formant des franges.
Robe Variée. Chez les unicolores, le blanc n'est admis que sur le poitrail.

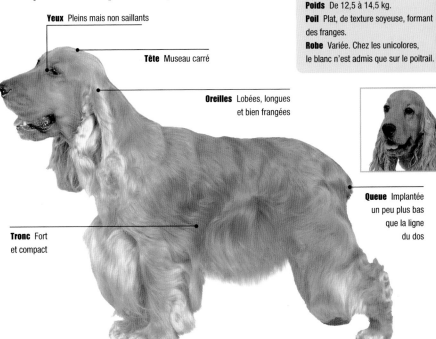

Yeux Pleins mais non saillants

Tête Museau carré

Oreilles Lobées, longues et bien frangées

Queue Implantée un peu plus bas que la ligne du dos

Tronc Fort et compact

Springer gallois

Caractères de la race

Classification 8ᵉ groupe, section 2, chiens leveurs de gibier et broussailleurs.

Taille *Mâle* : environ 48 cm. *Femelle* : environ 46 cm.

Poids De 16 à 20 kg.

Poil Droit et plaqué, de texture soyeuse ; franges sur le poitrail, sous le corps et le long des membres.

Robe Roux vif et blanc uniquement.

Le Springer gallois est une race très ancienne, puisqu'il est mentionné, ou du moins son ancêtre, dans les premières lois du Pays de Galles qui remontent aux environs de l'an 1300. Il est également possible que ce spaniel roux et blanc résulte d'un croisement entre le Springer anglais et le Clumber. Quoi qu'il en soit, la race possède certainement du sang d'Épagneul breton, avec lequel elle présente de grandes similarités dans ses capacités à la chasse et sa conformation, avec toutefois des membres plus longs et une ossature plus légère.

Ce chien fidèle et courageux, doté d'un odorat très fin, se situe, par la taille, à mi-chemin entre le Cocker et le Springer. C'est un bon nageur qui sait assumer le double rôle de chien familial et de compagnon du chasseur, heureux tant qu'il peut satisfaire ses besoins en exercice, assez importants. Il requiert des brossages quotidiens et des soins réguliers pour s'assurer que de la boue n'est pas venue s'assécher entre ses doigts ou dans ses oreilles, et l'en débarrasser le cas échéant.

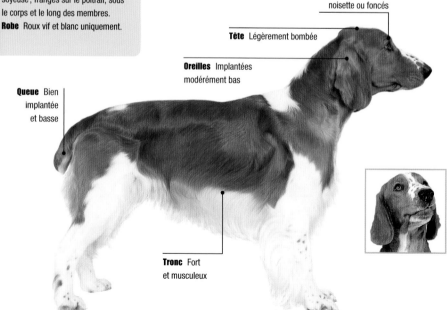

Yeux De taille moyenne, noisette ou foncés

Tête Légèrement bombée

Oreilles Implantées modérément bas

Queue Bien implantée et basse

Tronc Fort et musculeux

Les chiens de chasse

Springer anglais

Le Springer anglais semble être le plus ancien des spaniels et le descendant le plus direct des formes ancestrales de la famille, donc le père de toutes les races anglaises qu'elle compte actuellement. En 1570, le Docteur Caius, historien, signale en effet une variété de spaniel qui apparaît de toute évidence comme le précurseur du Springer. Plus récemment, ce chien fut dénommé le Norfolk Spaniel, peut-être d'après le nom d'une famille qui en aurait élevé une souche avant 1900, ou bien parce que la forme moderne est née dans le comté de Norfolk, en Angleterre.

Développé avant tout comme leveur, la tâche du Springer consistait à faire bondir – les Anglais disent springing – le gibier du couvert. C'est ce qui lui a valu son nom.

Employé à l'origine pour lever le gibier, le faire jaillir du couvert afin que les fusils puissent tirer, le Springer a conservé de ses aïeux toutes les qualités de chien de chasse. Courageux, résistant et enthousiaste, travaillant rapidement et à proximité des fusils, il se montre également un très bon rapporteur.

Le Springer anglais est un chien calme et équilibré, intelligent, fidèle et des plus populaires auprès des chasseurs. Sa douceur et sa gentillesse en font aussi un excellent sujet de compagnie, parfait avec les enfants et sachant s'adapter à la vie citadine. Mais c'est avant tout un animal de terrain qui peut causer quelques désagréments aux personnes attachées à la propreté de leur intérieur car il a tendance, après une bonne course dont il rentre trempé, à se secouer consciencieusement. Son caractère actif fait qu'il réclame beaucoup d'exercice, sous forme de longues et fréquentes promenades. Enfin, un brossage quotidien lui sera profitable et il conviendra de vérifier régulièrement ses oreilles ainsi que ses pattes entre les doigts pour éliminer la terre qui pourrait éventuellement s'y loger.

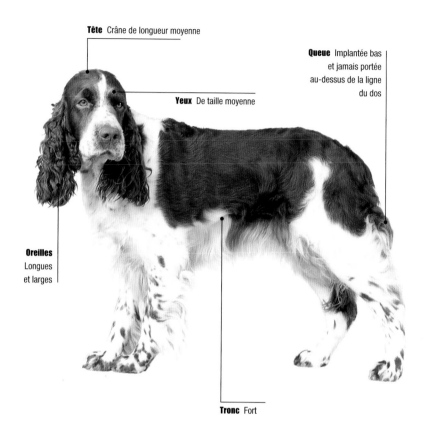

Tête Crâne de longueur moyenne

Queue Implantée bas et jamais portée au-dessus de la ligne du dos

Yeux De taille moyenne

Oreilles Longues et larges

Tronc Fort

Caractères de la race

Classification 8e groupe, section 2, chiens leveurs de gibier et broussailleurs.

Taille *Mâle* : 51 cm environ.

Poids De 22 à 25 kg.

Poil Plaqué, droit et protégeant des intempéries ; jamais grossier. Franges modérées aux oreilles, aux membres antérieurs, sur le corps et aux membres postérieurs.

Robe Foie et blanche ou noire et blanche, avec parfois des marques feu.

Soins et entretien

	1	2	3	4
	1	2	3	4
	1	2	3	4
	1	2	3	4

Chien d'eau irlandais

Des documents anciens témoignent de l'existence de chiens d'eau, entre autres des spaniels, dès l'an 17 et des formes de spaniels d'eau sont connues en Irlande depuis plus d'un millénaire. On pense toutefois que cette race s'est développée à travers des croisements entre caniches et retrievers à poil bouclé. Elle comptait, avant 1859, deux souches distinctes, l'une dans le nord de l'Irlande, l'autre dans le sud. C'est la seconde, ressemblant au Caniche moyen, qui semble avoir constitué la base de la race moderne.

Brave, adorable et intelligent, le Chien d'eau irlandais est le plus grand des spaniels. Il excelle dans l'art de rapporter le gibier d'eau, possède un nez très fin et sait quêter et travailler sur le terrain. L'entretien de son poil bouclé n'est pas aussi contraignant qu'on pourrait l'imaginer. Il faut toutefois le passer au peigne métallique au moins une fois par semaine. La suppression de quelques poils indésirables et la taille autour des pieds pourront être nécessaires.

4	3	2	1
4	3	2	1
4	3	2	1
4	3	2	1

Caractères de la race

Classification 8e groupe, section 3, chiens d'eau.

Taille *Mâle* : de 53 à 59 cm. *Femelle* : de 51 à 56 cm.

Poids *Mâle* : de 25 à 29,5 kg. *Femelle* : de 20 à 26 kg.

Poil Boucles denses et serrées sur l'encolure, le corps et la base de la queue ; plus longues et plus larges sur les membres et le dessus de la tête ; face, queue et derrière des pattes sous les jarrets nus.

Robe Marron puce soutenu (brun foncé).

Yeux Petits et en amande

Tête De bonne taille et bien bombée, sur long cou arqué

Oreilles Longues et ovales

Queue Courte

Tronc Poitrail profond

Sussex Spaniel

Caractères de la race

Classification 8e groupe, section 2, chiens leveurs de gibier et broussailleurs.

Taille De 38 à 41 cm.

Poids 23 kg environ.

Poil Abondant et plaqué, sans tendance à boucler. Sous-poil ample et isolant, protégeant l'animal des intempéries.

Robe Marron foie doré intense, poils dorés à l'extrémité, la nuance dorée étant prédominante. Marron foie foncé ou puce indésirable.

Jadis populaire auprès des fermiers, le Sussex Spaniel est connu dans le comté anglais du même nom depuis près de deux siècles. La race y fut créée en 1795 et fut exposée pour la première fois à Londres en 1862. Une souche plus massive, appelée Harvieston, fut développée plus tard, portant du sang de Clumber et de Saint-Hubert et de nos jours, certains Sussex Spaniels conservent nettement dans l'aspect quelque chose des chiens courants. Le Sussex Spaniel est employé essentiellement pour la chasse au faisan et à la perdrix.

Doté d'un excellent nez, le Sussex Spaniel constitue le chien rural idéal. Il est fidèle et facile à dresser, mais tend à s'attacher à une personne en particulier. Un brossage et un peignage quotidiens lui sont nécessaires et, comme avec tous les spaniels, il faut s'assurer que de la boue ne vienne pas s'assécher entre ses doigts de pieds et dans ses oreilles.

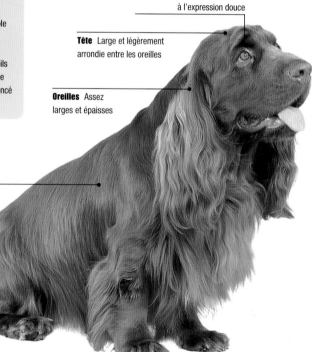

Yeux Assez grands, noisette, à l'expression douce

Tête Large et légèrement arrondie entre les oreilles

Oreilles Assez larges et épaisses

Tronc Profond, avec poitrail bien développé

Queue Implantée bas et jamais portée au-dessus du niveau du dos

Field Spaniel

Le Field Spaniel possède la même origine que le Cocker anglais, dont il est en quelque sorte une version plus grande. D'ailleurs, les premières portées comportaient parfois des représentants des deux variétés. À partir de 1892, celles-ci se séparèrent nettement. Tandis que le Cocker subissait une très forte amélioration, l'élevage du Field Spaniel produisit des sujets au corps exagérément allongé et aux pattes courtes, ce qui entraîna le déclin de sa popularité et de ses effectifs.

En 1948, les passionnés de la Field Spaniel Society, en Grande-Bretagne, entreprirent un considérable travail d'amélioration. Le résultat en fut un chien mieux proportionné, se reproduisant bien et offrant quelques très beaux spécimens. Malgré tout, le Field Spaniel est encore peu répandu, même dans son pays d'origine où il ne se rencontre guère en dehors des expositions canines.

Doté d'un tempérament égal, le Field Spaniel est à la fois un bon compagnon d'intérieur et chien de chasse. Comme les autres spaniels, il aime se dépenser beaucoup et doit être brossé et peigné tous les jours, afin de prendre garde que son poil ne s'emmêle pas.

Peu connu hors de la Grande-Bretagne, le Field Spaniel partage ses origines avec le Cocker anglais. La séparation des deux races date de 1892. Élevé jadis avec des caractères physiques trop marqués, il connut la désaffection des cynophiles. Il n'a été réhabilité par des passionnés que depuis une cinquantaine d'années.

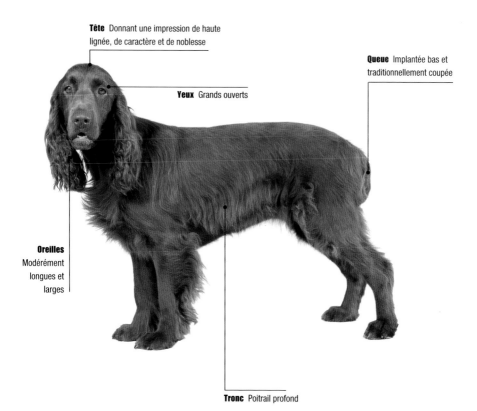

Tête Donnant une impression de haute lignée, de caractère et de noblesse

Yeux Grands ouverts

Queue Implantée bas et traditionnellement coupée

Oreilles Modérément longues et larges

Tronc Poitrail profond

Caractères de la race

Classification 8e groupe, section 2, chiens leveurs de gibier et broussailleurs.

Taille Approximativement 45,5 cm.

Poids De 18 à 25 kg.

Poil Long, plat, brillant et non bouclé ; texture soyeuse.

Robe Noire, marron foie ou rouan avec marques feu ; les noirs trop clairs, blancs ou marron foie et blanc ne se sont pas admis.

Soins et entretien

	1	2	3	4
	1	2	3	4
	1	2	3	4
	1	2	3	4

Setter anglais

Connu depuis le XIVᵉ siècle, le Setter anglais est le plus ancien et le plus caractéristique des quatre races de setters, des chiens qui doivent leur nom à leur habitude de marquer l'arrêt en se plaquant au sol – *set* en anglais – lorsqu'ils viennent de localiser un gibier. Auxiliaire de chasse de très haut niveau, il se répandit en France vers 1880, devenant le chien le plus employé par les chasseurs de notre pays.

Fidèle et affectueux, le Setter anglais se dresse très bien avec progressivité, patience et tendresse ; son intelligence et sa sensibilité ne supportent pas la brutalité, ce qui n'exclut pas pour autant une certaine fermeté pour juguler son exubérance naturelle. Il peut être installé en chenil mais appréciera tout autant d'être le compagnon du foyer, rôle pour lequel il a les dispositions, notamment sa douceur avec les enfants. Mais il n'est guère fait pour la vie en ville. Il faudra lui réserver de longues plages d'exercice pour libérer son énergie. Son poil devra être entretenu quotidiennement à l'aide d'une brosse dure et d'un peigne métallique.

Soins et entretien

4	3	2	1
4	3	2	1
4	3	2	1
4	3	2	1

Caractères de la race

Classification 7ᵉ groupe, section 2.2, chiens d'arrêt britanniques et irlandais.
Taille *Mâle* : de 65 à 68 cm.
Femelle : de 61 à 65 cm.
Poids : de 25 à 30 kg.
Poil Plutôt long, droit, fourni et soyeux.
Robe Noire et blanche (bleu belton), orange et blanche (orange belton), citron et blanche (citron belton), marron foie et blanche (foie belton), ou tricolores (bleu belton et feu ou foie belton et feu). Les robes dépourvues de grosses taches colorées mais mouchetées de petites traces sur tout le corps (belton), sont préférées.

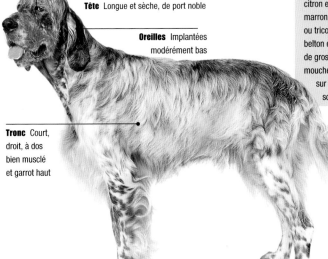

Yeux Ni profonds ni proéminents

Tête Longue et sèche, de port noble

Oreilles Implantées modérément bas

Tronc Court, droit, à dos bien musclé et garrot haut

Queue Implantée pratiquement au niveau du dos, frangée, en cimeterre

Setter Gordon

Caractères de la race

Classification 7e groupe, section 2.2, chiens d'arrêt britanniques et irlandais.

Taille *Mâle* : 66 cm. *Femelle* : 62 cm.

Poids *Mâle* : 29,5 kg.
Femelle : 25,5 kg.

Poil Court et fin sur la tête, le devant des membres et l'extrémité des oreilles ; mi-long sur le reste du corps, plat et non bouclé.

Robe Noir charbon brillant, dépourvu de rouille, et marques feu (marron rouge) lustrées sur la tête, la gorge, le poitrail, les membres et autour de la base de la queue ; quelques traces noires sur les doigts et bandes noires sous la mâchoire autorisées.

Le Setter Gordon doit son existence à Alexander Gordon, quatrième duc de Richmond, qui, à la fin des années 1770, entreprit l'élevage de la seule race de chien de chasse qui existât en Écosse. Il avait pour but de produire un setter plus gros et plus lourd en lui apportant du sang de Saint-Hubert et, croit-on communément, de Colley.

Le Setter Gordon n'est pas aussi rapide et stylé que les autres setters mais n'en est pas moins bon chien de chasse. Travailleur infatigable, tout terrain, il dispose d'un nez très fin pour localiser le gibier, qu'il sait également rapporter. Mais son intelligence et sa douceur naturelle font également de lui un compagnon des plus agréables qui, à l'occasion, se montrera meilleur chien de garde que les autres setters. La contrepartie de ses qualités, c'est son manque d'adaptation à la vie urbaine. À un chien actif comme celui-ci, il faudra offrir beaucoup d'espace et d'occasions de se dépenser.

Yeux Brun foncé

Tête Plus profonde que large

Oreilles De taille moyenne

Queue Droite ou légèrement incurvée, pas trop longue

Tronc De longueur modérée

Setter irlandais rouge

4	3	2	1
4	3	2	1
4	3	2	1
4	3	2	1

Le Setter irlandais rouge a été développé par croisement du Chien d'eau irlandais, du Braque espagnol et des Setters anglais et Gordon. Le mélange devait produire ce chien superbe et exubérant, aux allures de pointer, remarquable pour la posture qu'il adopte lorsqu'il est en arrêt. Originaire d'Irlande, la race gagna l'Angleterre victorienne, où sa rapidité et son énergie dans l'action, développées pour répondre aux terrains irlandais, se révélèrent parfaitement adaptées au travail dans les vastes milieux ouverts de la campagne anglaise.

Le Setter irlandais est en plus très recherché comme animal de compagnie, rôle dans lequel il se montre adorable. Doux avec les enfants et les autres animaux, il montre une affinité particulière avec les chevaux. Mais son énergie est débordante et il doit pouvoir beaucoup se dépenser. Il peut s'adapter à un jardin de banlieue, mais seule une vie campagnarde lui offrant toute la liberté dont il a besoin lui conviendra pleinement. Son poil nécessite un brossage quotidien.

Caractères de la race

Classification 7e groupe, section 2.2, chiens d'arrêt britanniques et irlandais.
Taille Env. 65 cm (taille recherchée).
Poids De 27 à 31,5 kg.
Poil Court et fin sur la tête, le devant des pattes et l'extrémité des oreilles ; mi-long sur le reste du corps, libre et plutôt droit ; franges derrière les pattes, sur la gorge, le poitrail et le ventre.
Robe Fauve rouge uni intense, sans traces de noir. Quelques marques blanches admissibles sur le poitrail, la gorge, le menton ou les doigts, ou en petite étoile sur le front ou encore en raies étroites sur le museau.

Tête Longue et sèche

Yeux Noisette foncé à brun foncé

Oreilles De taille modérée

Queue De longueur modérée proportionnée à la taille du corps

Tronc Poitrail aussi profond que possible, plutôt étroit vu de face

Setter irlandais rouge et blanc

Caractères de la race

Classification 7e groupe, section 2.2, chiens d'arrêt britanniques et irlandais.

Taille *Mâle* : de 62 à 66 cm.

Femelle : de 57 à 61 cm.

Poids De 18 à 31,5 kg.

Poil Plaqué, droit, de texture fine, avec des franges bien développées.

Robe Fond blanc marqué de rouge uni aussi vifs et éclatants que possible. Truitures admises mais pas l'aubère (poils mélangés) sur la face, les pieds, les membres antérieurs jusqu'au coude et les membres postérieurs jusqu'au jarret.

Cette belle variété de Setter irlandais a évolué à partir de spaniels, probablement rouges et blancs, importés jadis de France en Irlande et croisés avec des pointers. Plus tard, au XVIIIe siècle, la sélection des éleveurs amena la race à son type actuel. Vers la fin du XIXe siècle, la préférence des amateurs pour le Setter irlandais rouge faillit entraîner la disparition de ce cousin à la robe bicolore. Heureusement, celui-ci connaît, depuis les années 1940, un regain de popularité dans son pays.

Le Setter irlandais rouge et blanc est gai, affectueux, de bonne nature et, comme les autres setters, allie les qualités d'excellent chien d'arrêt à celle d'animal de compagnie. Il a les mêmes besoins – importants – en espace et en exercice et son poil nécessite un brossage quotidien.

Yeux Noisette ou brun foncé

Tête Large proportionnellement au corps

Oreilles Implantées au niveau des yeux

Queue Forte à la base et s'effilant en pointe fine

Tronc Fort et musclé

Épagneul breton

De tous les épagneuls, l'Épagneul breton est celui qui possède l'instinct le plus aigu pour l'arrêt et la posture bandée la plus prononcée lorsqu'il le marque. Il est possible que ses lointaines origines se trouvent en Espagne, mais c'est en Bretagne que l'histoire situe ses ancêtres plus récents, dans la région de la forêt d'Argoat, où existait jadis un petit chien de chasse local. Les Britanniques aimaient venir chasser la bécasse en Bretagne en emportaient leurs chiens, et il est possible qu'un mâle de Setter irlandais rouge et blanc se soit accouplé avec une chienne bretonne, donnant naissance à la race.

Intelligent et sensible, l'Épagneul breton doit être dressé avec fermeté mais surtout en douceur. Il sera un bon compagnon, pouvant même s'adapter à la vie d'appartement, à condition de pouvoir se dépenser souvent. Offrez-lui un brossage quotidien.

Soins et entretien

4	3	2	1	🐕
4	3	2	1	🥣
4	3	2	1	🖌
4	3	2	1	🏠

Caractères de la race

Classification 7e groupe, section 1.2, chiens d'arrêt continentaux de type épagneul.
Taille *Mâle* : de 48 à 51 cm.
Femelle : de 47 à 50 cm.
Poids De 13,5 à 18 kg.
Poil Fin, non soyeux, plat, légèrement ondulé ; frangeant un peu aux pattes.
Robe Blanche et orange, blanche et marron, blanche et noire, pouvant être pie ou rouannée ; blanche, noire et feu.

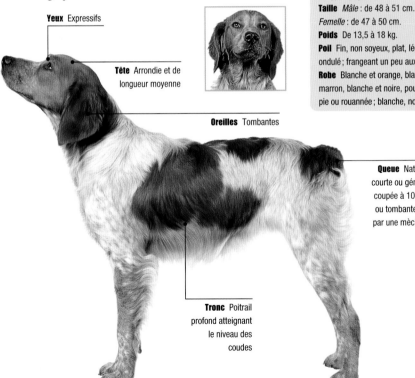

Yeux Expressifs

Tête Arrondie et de longueur moyenne

Oreilles Tombantes

Queue Naturellement courte ou généralement coupée à 10 cm, droite ou tombante, terminée par une mèche de poils

Tronc Poitrail profond atteignant le niveau des coudes

Pointer

Caractères de la race

Classification 7ᵉ groupe, section 2.1, chiens d'arrêt britanniques et irlandais.

Taille *Mâle* : de 63 à 69 cm.
Femelle : de 61 à 66 cm.

Poids De 20 à 30 kg.

Poil Court, dense et lisse.

Robe Citron (fauve pâle) et blanche, orange et blanche, marron foie et blanche, noire et blanche ; les robes unies et tricolores sont également autorisées.

Racé, rapide, alliant puissance et souplesse, le Pointer est renommé, à l'instar des setters, pour sa posture classique en arrêt, le museau et la queue alignés dans la direction du gibier. Beaucoup considèrent que ses origines se situent en Espagne. Selon une autre école, ses ancêtres pourraient être purement britanniques et se seraient vus par la suite apporter du sang de Foxhound, de Saint-Hubert et de Greyhound. Les premiers Pointers étaient des chiens têtus, refusant de se soumettre. L'apport de sang de setter au début du XIXᵉ siècle améliora leurs dispositions.

Le Pointer est un concurrent populaire des expositions et concours canins qui sait associer le rôle de chien de compagnie à ses tâches d'auxiliaire de chasse. C'est un chien affectueux et obéissant, facile à dresser et doux avec les enfants. Très actif, il est mal adapté à la ville et ne supporte pas d'être confiné dans un appartement. Il lui faut beaucoup d'exercice. Pour rester en bon état, son poil nécessite des brossages réguliers.

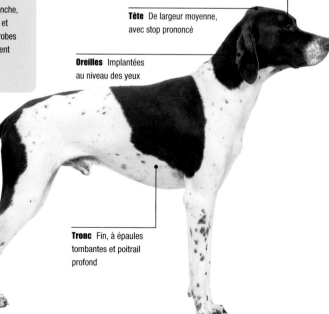

Yeux Foncés, ronds et intenses

Tête De largeur moyenne, avec stop prononcé

Oreilles Implantées au niveau des yeux

Queue Épaisse à la racine, s'effilant en pointe

Tronc Fin, à épaules tombantes et poitrail profond

Braque allemand à poil court

Le Braque allemand à poil court est la race que l'on appelle communément Braque allemand. De lointaine origine espagnole, il descend probablement d'un croisement entre le vieux Braque espagnol et un chien courant. On pense que du sang de Foxhound aurait été introduit par la suite, le tout donnant un excellent auxiliaire de chasse, très polyvalent, capable aussi bien de traquer le gibier que de marquer l'arrêt. De fait, il est aujourd'hui le chien le plus utilisé au monde par les chasseurs qui disent de lui qu'il sait tout faire.

Le Braque allemand à poil court aura un comportement parfait, et notamment avec les enfants, si son dressage – par ailleurs facile – est entrepris tôt et de façon rigoureuse, car il se montre parfois un peu entêté. Athlète de haut niveau, il lui faut une grande quantité d'exercice, voire un véritable entraînement à l'approche de la saison de chasse.

Yeux De taille moyenne

Tête Large et bien ciselée, avec légère protubérance occipitale

Oreilles Larges et implantées haut

Tronc Poitrail devant apparaître profond plus que large

Queue Implantée haut et ferme

Soins et entretien

4	3	2	1
4	3	2	1
4	3	2	1
4	3	2	1

Caractères de la race

Classification 7e groupe, section 1.1, chiens d'arrêt continentaux de type braque.

Taille *Mâle* : de 62 à 66 cm. *Femelle* : de 58 à 63 cm.

Poids De 25 à 32 kg.

Poil Court et serré, sec et dur au toucher.

Robe Marron uni. Marron à marques ou mouchetures blanches, rouannée marron foncé. Rouannée marron clair. Blanche avec marques marron. Noire, avec les mêmes nuances que pour la couleur marron ou rouannée.

Soins et entretien

1   2   3   4

1   2   3   4

1   2   3   4

1   2   3   4

Caractères de la race

Classification 7e groupe, section 1.1, chiens d'arrêt continentaux de type braque.

Taille *Mâle* : de 61 à 68 cm.
Femelle : de 57 à 64 cm.

Poids De 27 à 32 kg.

Poil Dur, «fil de fer», couché et dense. Poil de couverture de 2 à 4 cm de long, sous-poil serré imperméable.

Robe Marron mélangé de blanc. Noir mélangé de blanc (grisonnée). Marron avec ou sans taches blanches au poitrail. Rouan clair (blanc dominant mélangé de marron ou de noir).

Chien d'arrêt allemand à poil dur

À l'exception du poil, le Chien d'arrêt allemand à poil dur est physiquement très proche du Braque allemand à poil court qui, de toute évidence, a joué un rôle dans sa création, ainsi que le Korthals, le Chien d'arrêt allemand à poil raide et l'Airedale-Terrier. Bien que populaire dans son pays natal, ce chien a toutefois mis plus longtemps que son cousin à percer hors de ses frontières. Sur le terrain, il est aussi polyvalent que lui. Chien d'arrêt, leveur, retriever, il travaille à l'eau comme à terre, en milieu ouvert comme en sous-bois, protégé par un poil rude lui permettant de traverser les halliers les plus fermés.

S'il peut s'adapter à la vie d'intérieur, il risque toutefois de montrer une certaine agressivité ; capable de vivre sans problème en chenil, il vaudra mieux lui réserver le seul rôle de chien de chasse.

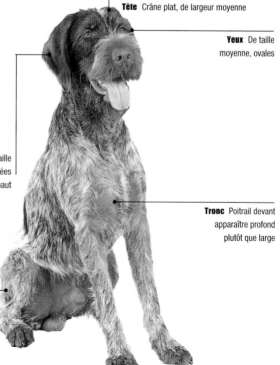

Tête Crâne plat, de largeur moyenne

Yeux De taille moyenne, ovales

Oreilles De taille moyenne, implantées haut

Tronc Poitrail devant apparaître profond plutôt que large

Queue Épaisse à la base et implantée haut, s'effilant vers l'extrémité

Les chiens de chasse

Braque de Weimar

 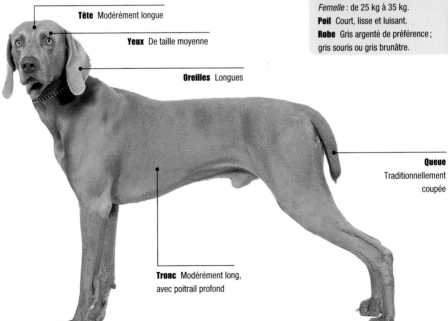
Le Braque de Weimar ressemble fort au chien peint par Van Dyck dans un tableau réalisé vers 1630. Sa forme actuelle fut développée vers 1800 par le grand duc Charles-Auguste de Weimar, en Allemagne centrale. Parmi les autres races susceptibles d'avoir joué un rôle dans son élaboration, figurent le Saint-Hubert ou d'autres chiens courants français, des braques à poil court et des braques espagnols. Une sélection rigoureuse permit de produire cet impressionnant animal, chasseur que la nature a doté de toutes les qualités, conçu à l'origine pour la chasse au grand gibier et employé plus récemment comme auxiliaire de police.

Le Braque de Weimar excelle également dans les concours d'obéissance et d'agilité et possède des dons pour la garde et la défense. Par ailleurs doux et affectueux, c'est un très bon compagnon qui nécessite peu d'entretien et préfère la vie en intérieur plutôt qu'en chenil. Mais l'espace et des exercices sportifs très fréquents lui sont absolument indispensables.

Caractères de la race

Classification 7e groupe, section 1.1, chiens d'arrêt continentaux de type braque.
Taille *Mâle* : de 59 à 70 cm.
Femelle : de 57 à 65 cm.
Poids *Mâle* : de 30 à 40 kg.
Femelle : de 25 kg à 35 kg.
Poil Court, lisse et luisant.
Robe Gris argenté de préférence ; gris souris ou gris brunâtre.

Tête Modérément longue

Yeux De taille moyenne

Oreilles Longues

Queue Traditionnellement coupée

Tronc Modérément long, avec poitrail profond

Braque hongrois à poil court

Chien d'arrêt national de Hongrie, le Braque hongrois à poil court fut élevé dans la Puszta, la grande plaine du centre du pays. C'est un auxiliaire de chasse extrêmement polyvalent, capable de traquer, marquer l'arrêt et rapporter lièvres, canards, oies et autres proies. Il est probable que le Braque de Weimar, avec lequel il présente de fortes similitudes, ait joué un rôle dans sa lignée, ainsi que des chiens d'arrêts de Transylvanie. Quoi qu'il en soit, l'aristocratie hongroise veilla à ce qu'aucun autre apport ne soit effectué qui ait pu se révéler néfaste aux remarquables capacités de la race.

Le Braque hongrois est un chien de chasse complet, facile à dresser et un animal de compagnie de classe, doux avec les enfants. Il lui faut beaucoup d'exercice et des brossages réguliers.

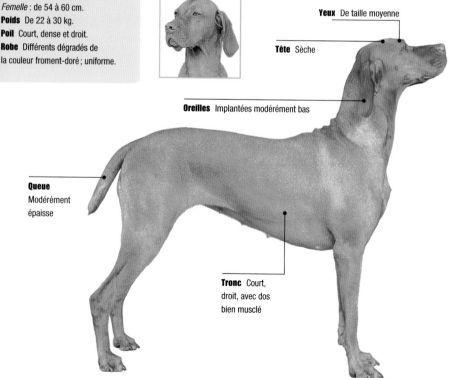

Yeux De taille moyenne

Tête Sèche

Oreilles Implantées modérément bas

Queue Modérément épaisse

Tronc Court, droit, avec dos bien musclé

Chien hollandais de canardière

Son nom hollandais, *Kooikerhondje*, signifie « chien appartenant au kooiker », c'est-à-dire la personne en charge des leurres et des appelants à canards dans la chasse au gibier d'eau. C'est une petite race d'épagneul assez ancienne, originaire des Pays-Bas, et dont la tâche consistait à forcer les canards hors de leur couvert. C'est donc un très bon leveur ainsi que rapporteur, possédant un nez très fin et supportant particulièrement bien le froid et l'humidité.

C'est un chien intelligent et affectueux, très vivant sans être surexcité. Bon animal de compagnie, sa petite taille est très adaptée à la vie d'intérieur. Il lui faut beaucoup d'exercice et un brossage quotidien.

Soins et entretien

4   3   2   1

4   3   2   1

4   3   2   1

4   3   2   1

Caractères de la race

Classification 8e groupe, section 2, chiens leveurs de gibier et broussailleurs.
Taille De 35 à 40 cm.
Poids De 10 à 15 kg.
Poil Mi-long et légèrement ondulé ; frangeant sur la poitrine, les membres et la queue.
Robe Blanche avec taches rouges.

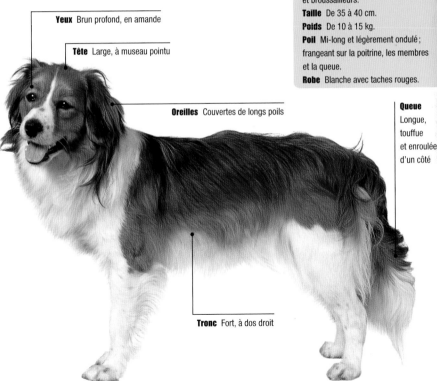

Yeux Brun profond, en amande

Tête Large, à museau pointu

Oreilles Couvertes de longs poils

Queue Longue, touffue et enroulée d'un côté

Tronc Fort, à dos droit

Chien d'arrêt italien à poil dur

Caractères de la race

Classification 7e groupe, section 1.3, chiens d'arrêt continentaux de type griffon.

Taille *Mâle* : de 60 à 70 cm.
Femelle : de 58 à 65 cm.

Poids *Mâle* : de 32 à 37 kg.
Femelle : de 28 à 32 kg.

Poil Rude, épais et assez dur.

Robe Blanc pur ; blanc avec marques orange ; blanche tachetée d'orange ; blanche avec taches marron, rouan ou rouan-marron. La nuance préférée du marron est la couleur « froc de capucin ».

Probablement déjà établi au XVIIIe siècle, cette race serait issue de croisements avec le Chien courant italien à poil dur et le Mastiff assyrien, aujourd'hui éteint. Dans son pays, la race est divisée en deux variétés selon la couleur de la robe : la blanche et orange, et la rouan-marron. La première, généralement considérée comme l'originale, aurait vu le jour dans le Piémont, la seconde en Lombardie. Il n'existe toutefois entre les deux variétés aucune différence de conformation reconnue. Ce sont des auxiliaires de chasse actifs et bons rapporteurs.

Le Chien d'arrêt italien à poil dur est un grand chien intelligent et de bonne nature, puissant mais docile. Il peut être à la fois le compagnon du chasseur et celui de toute la famille. Il requiert beaucoup d'exercice et son poil des brossages et bouchonnages espacés d'un ou deux jours.

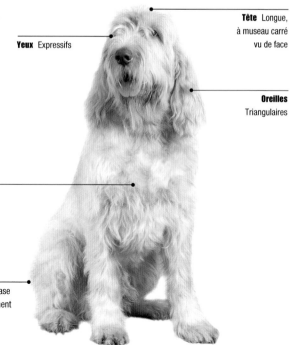

Yeux Expressifs

Tête Longue, à museau carré vu de face

Oreilles Triangulaires

Tronc De longueur égale à la hauteur au garrot

Queue Épaisse à la base et portée horizontalement

Les chiens de chasse
Épagneuls de Münster

D'origine allemande, les deux races d'Épagneuls de Münster, la grande et la petite, semblent réunir le meilleur des qualités des setters et des épagneuls qui ont participé à leur création. Bien qu'enregistré assez récemment parmi les chiens d'arrêts et rapporteurs, le Grand Épagneul de Münster est établi en Allemagne comme auxiliaire de chasse depuis le début du XVIIIe siècle. Longtemps, il ne fut pas différencié du Braque allemand à poil long, mais l'une des premières tâches du Kennel Club allemand, dès qu'il fut créé, fut de décréter que seuls les chiots à la robe brune ou blanche pourraient être enregistrés comme tels et les autres écartés. Les sujets mis au rebut par la sélection tombèrent entre les mains de fermiers dont le but était de perpétuer chez ces animaux les qualités au travail, quelle que soit leur coloration. Ils sauvèrent ainsi la race de l'extinction et développèrent un chien de chasse attrayant et intéressant.

Le Petit Épagneul de Münster constitue, quant à lui, une race plus récente, dérivée du croisement entre l'Épagneul breton et le Braque allemand à poil long au début du XXe siècle.

Les deux Épagneuls de Münster sont des chiens polyvalents, capables de travailler sur tous les gibiers et de se faire, à l'occasion, chiens de berger. Loyaux, affectueux et dignes de confiance, ils tiennent avec le même bonheur le rôle d'auxiliaire du chasseur et de compagnon de la famille. Mais ce sont des animaux très énergiques qui doivent se dépenser énormément, donc peu adaptés à la vie en appartement. Un brossage quotidien leur est nécessaire.

Le Grand Épagneul de Münster est un chien d'arrêt et rapporteur adapté à de multiples usages, qui se révèle également un excellent animal de compagnie.

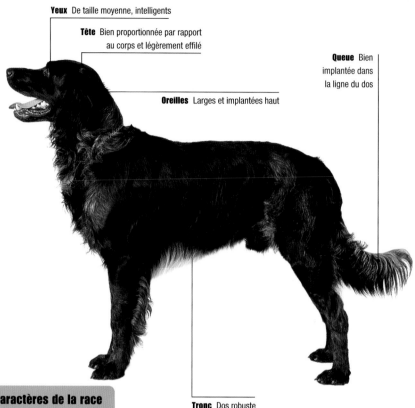

Yeux De taille moyenne, intelligents

Tête Bien proportionnée par rapport
au corps et légèrement effilé

Queue Bien
implantée dans
la ligne du dos

Oreilles Larges et implantées haut

Tronc Dos robuste

Caractères de la race

Classification 7e groupe, section 1.2,
chiens d'arrêt continentaux
de type épagneul.

Taille *Grand, mâle* : de 60 à 65 cm.
Grand, femelle : de 58 à 63 cm.
Petit, mâle : de 52 à 56 cm.
Petit, femelle : de 50 à 54 cm.

Poids *Grand* : environ 30 kg.
Petit : de 18 à 23 kg.

Poil Mi-long et dense, avec
des franges assez développées.

Robe *Grand* : tête noire unie avec
flamme, bande ou étoile blanche ;
corps blanc ou bleu rouan avec larges
marques noires.
Petit : blanche avec larges marques
et mouchetures marron foie.

Soins et entretien

	1	2	3	4
1	2	3	4
1	2	3	4
1	2	3	4

Les chiens courants et les lévriers

Chien du Pharaon

Le Chien du Pharaon est un lévrier capable de chasser aussi bien à vue qu'à l'odorat. Il a été décrit comme la plus ancienne des races domestiquées connues à cause de sa très forte ressemblance avec les chiens sculptés sur les murs des tombeaux de l'ancienne Égypte, qui remontent au moins à 2 000 ans av. J.-C. En 1935, des archéologues qui travaillaient dans le grand cimetière situé à l'ouest de la Pyramide de Khéops, à Gizeh, découvrirent une inscription mentionnant qu'un tel chien avait été enterré avec tous les honneurs et les cérémonies rituelles dus à un personnage de haut rang, sur ordre des rois de la Haute et de la Basse-Égypte. La race atteignit l'Europe par l'Espagne à la faveur des invasions sarrasines et c'est aux Baléares qu'elle est restée la plus pure. À la chasse, elle est capable de travailler sur tous les petits gibiers, avec beaucoup d'ardeur et une course très rapide.

Intelligent et affectueux, le Chien du Pharaon est une personnalité gaie et confiante, qui aime les enfants et fait un excellent animal de compagnie. Son poil demande peu d'entretien mais il a besoin de beaucoup d'exercice, les espaces étriqués ne lui convenant absolument pas.

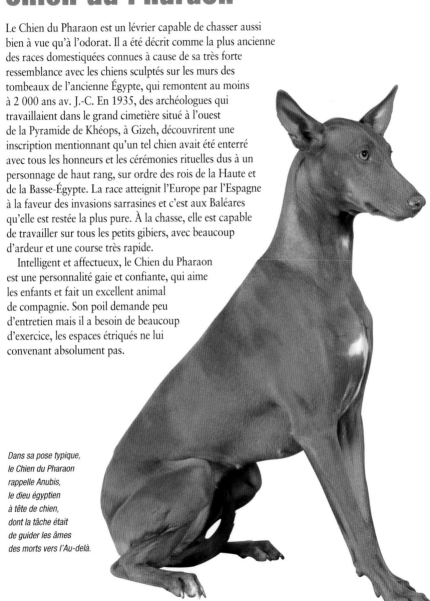

Dans sa pose typique, le Chien du Pharaon rappelle Anubis, le dieu égyptien à tête de chien, dont la tâche était de guider les âmes des morts vers l'Au-delà.

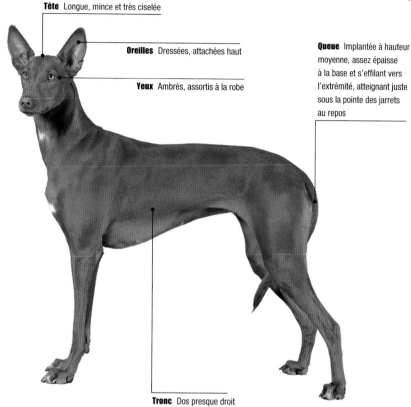

Tête Longue, mince et très ciselée

Oreilles Dressées, attachées haut

Yeux Ambrés, assortis à la robe

Queue Implantée à hauteur moyenne, assez épaisse à la base et s'effilant vers l'extrémité, atteignant juste sous la pointe des jarrets au repos

Tronc Dos presque droit

Caractères de la race

Classification 5e groupe, section 6, chiens de type primitif.
Taille *Mâle* : de 56 à 63,5 cm.
Femelle : de 53 à 61 cm.
Poids 28 kg environ.
Poil Court et brillant, allant de fin et serré à légèrement dur.
Robe Rouge brun à rouge brun foncé avec marques blanches ; extrémité blanche de la queue fortement souhaitée ; étoile blanche sur le poitrail, taches blanches sur les orteils et mince flamme blanche sur la ligne centrale de la face admises.

Soins et entretien

1 2 3 4

1 2 3 4

1 2 3 4

1 2 3 4

Les chiens courants et les lévriers

Podenco d'Ibiza

Ce lévrier est originaire de l'île d'Ibiza, aux Baléares,
en Espagne. Tout comme le Chien du Pharaon,
ses ancêtres sont les chiens de chasse des anciens Égyptiens.
Au IXe siècle av. J.-C., l'Égypte fut envahie par les Romains.
Les Carthaginois et Phéniciens voisins furent chassés et se
réfugièrent sur l'île d'Ibiza où ils vécurent environ un siècle.
Les chiens qu'ils avaient emportés avec eux y restèrent. La race
fut également utilisée pour la chasse dans le sud de l'Espagne
et en France. Elle existe aujourd'hui en deux variétés
reconnues : à poil lisse et à poil dur.

Cet animal à l'allure noble est d'une nature amicale,
bon chien de chasse ou de compagnie, doux avec les enfants
et se battant rarement. Sensible et doté d'une oreille très fine,
il est préférable de s'adresser à lui sans crier et avec douceur.
Comme tous les chiens de sa catégorie, il a besoin de beaucoup
d'exercice. Son poil ne nécessite qu'un brossage quotidien.

Soins et entretien

4	3	2	1

Caractères de la race

Classification 5e groupe, section 7,
chiens de chasse de type primitif.
Taille *Mâle* : de 66 à 72 cm.
Femelle : de 60 à 67 cm.
Poids *Mâle* : 23 kg environ.
Femelle : 19 kg environ.
Poil Lisse ou rude, toujours dur,
dense et serré.
Robe Blanche et rouge, unicolore
blanche ou rouge. La couleur fauve
pourra être admise s'il s'agit d'un sujet
extraordinaire.

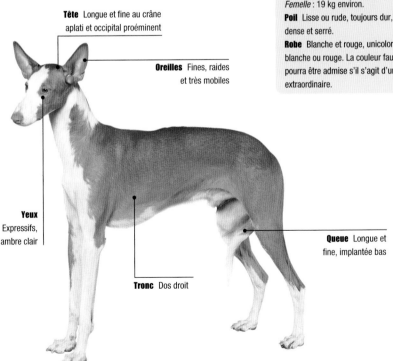

Tête Longue et fine au crâne
aplati et occipital proéminent

Oreilles Fines, raides
et très mobiles

Yeux
Expressifs,
ambre clair

Queue Longue et
fine, implantée bas

Tronc Dos droit

Basenji

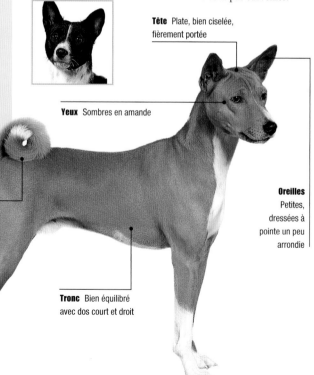
Caractères de la race

Classification 5e groupe, section 6, chiens de type primitif.

Taille *Mâle* : 43 cm environ.
Femelle : 40 cm environ.

Poids *Mâle* : 11 kg.
Femelle : 9,5 kg.

Poil Court, luisant, très fin et serré.

Robe Fauve à fauve foncé avec marques blanches sur le poitrail, les pieds et le bout de la queue ; éventuellement, flamme, collier et membres blancs. Les robes blanches et noires ou bien blanches, noires et feu se rencontrent également.

Le Basenji, dont le nom dialectal souligne son appartenance à la brousse, est originaire de l'Afrique centrale. Ses semblables ont été dépeints dans les tombeaux des pharaons. Utilisé comme chien de chasse sur sa terre natale, le Basenji est incapable d'aboyer, émettant plutôt une sorte de vocalise rappelant les chants tyroliens. Les explorateurs européens découvrirent la race au début du XIXe siècle dans le sud du Soudan et au Congo.

Le Basenji est joueur, très affectueux ; il n'aime pas les temps humides et se contente d'assez peu d'exercice. Il est patient avec les enfants, fait sa toilette comme un chat et ne dégage aucune mauvaise odeur. De fait, un bouchonnage quotidien à l'aide d'un gant spécial suffit à son poil. La femelle n'est en chaleur qu'une fois par an. Les chiots peuvent se montrer assez destructeurs s'ils ne sont pas surveillés.

Tête Plate, bien ciselée, fièrement portée

Yeux Sombres en amande

Oreilles Petites, dressées à pointe un peu arrondie

Queue Implantée haut, enroulée en spirale serrée à un ou deux tours sur le dos, près de la cuisse

Tronc Bien équilibré avec dos court et droit

Hamiltonstövare

C'est le comte Adolf Patrick Hamilton, fondateur du Kennel Club suédois, qui inspira le nom du Hamiltonstövare, standardisé il y a environ un siècle. Ce chien courant de taille moyenne, employé pour lever le gibier dans les forêts suédoises, est le résultat d'un élevage croisé entre le Foxhound anglais et le Chien courant du Holstein, le Haidbracke du Hanovre et les Beagles du Kurland et du Hanovre, aujourd'hui éteints. Dans son pays natal, il s'agit de la race de chiens courants la plus populaire.

Élégant, affectueux et intelligent, c'est un chien qui apprécie la compagnie de l'homme. Il peut être installé à la maison pourvu qu'il puisse se dépenser souvent. Il se dresse facilement et son poil nécessite un entretien quotidien à l'aide d'un gant spécial.

Soins et entretien

4	3	2	1
4	3	2	1
4	3	2	1
4	3	2	1

Caractères de la race

Classification 6ᵉ groupe, section 1.2, chiens courants de taille moyenne.
Taille *Mâle* : de 53 à 61 cm.
Femelle : de 49 à 57 cm.
Poids 22,5 à 27 kg environ.
Poil Couche supérieure plaquée très isolante et résistante aux intempéries ; sous-poil court, serré et doux.
Robe Tricolore en noir, brun et blanc, répartis de la façon suivante : dessus du cou, dos, côtés du corps et face supérieure de la queue noirs ; tête, membres, côtés du cou, du corps et de la queue bruns ; flamme sur le chanfrein et le front, dessous du cou, poitrail, ventre, bout de la queue et pieds blancs. Mélanges de brun et noir indésirables, ainsi que prédominance de l'une des trois couleurs.

Yeux Expressifs, ambre clair

Tête Fine, longue et plate

Oreilles Attachées haut, plates et pendantes

Queue Fine et implantée bas

Tronc Dos droit

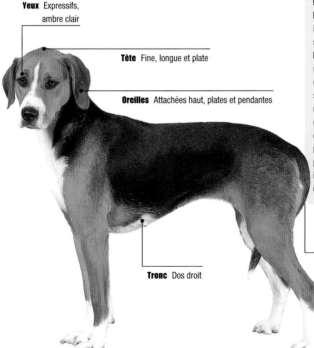

Soins et entretien

1 2 3 4

1 2 3 4

1 2 3 4

1 2 3 4

Caractères de la race

Classification 6e groupe, section 1.1, chiens courants de grande taille.
Taille *Mâle* : 68 cm environ.
Femelle : 62 cm environ.
Poids *Mâle* : de 46 à 54 kg.
Femelle : de 40 à 48 kg.
Poil Lisse, court et isolant des intempéries.
Robe Noire et feu, marron foie (rouge) et feu, ou rouge.

Chien de Saint-Hubert

C'est l'une des plus anciennes races de chiens courants. Ses plus lointains ancêtres étaient élevés en Assyrie vers 2 000 à 1 000 av. J.-C. Emportés vers la région méditerranéenne par des commerçants phéniciens, ils se répandirent à travers l'Europe. Une concentration de chiens courants s'opéra aux VIIe et VIIIe siècles en Bretagne, d'où émergea le Saint-Hubert. Il est capable de suivre une piste vieille de plusieurs jours, et, une fois sa proie atteinte, ce doux animal ne la tue pas.

Adorable avec les enfants et affectueux à l'excès, le Saint-Hubert est un compagnon idéal pour qui dispose de l'espace nécessaire, de l'énergie pour lui faire prendre tout l'exercice dont il a besoin, et de voisins compréhensifs pour supporter ses hurlements de chien de meute. Son poil doit être entretenu tous les jours avec un gant à panser.

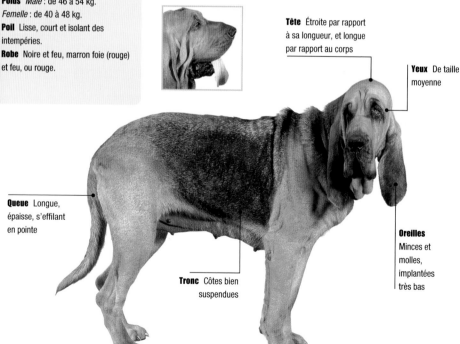

Tête Étroite par rapport à sa longueur, et longue par rapport au corps

Yeux De taille moyenne

Queue Longue, épaisse, s'effilant en pointe

Oreilles Minces et molles, implantées très bas

Tronc Côtes bien suspendues

Chien à loutre

Animal imposant et de robuste constitution, le Chien à loutre
est supposé remonter au Griffon vendéen et au Griffon de Bresse,
aujourd'hui éteint. D'après le Otterhound Club anglais
(Otterhound est le nom anglo-saxon de cette race), ces chiens
courants étaient en effet importés en Grande-Bretagne en nombre
significatif avant 1870 et utilisés pour la création de la race.
Le Chien à loutre possède un odorat très subtil, presque à l'égal
du Saint-Hubert. Fin nageur, il avait été créé pour la chasse à la
loutre. Il pouvait détecter au matin le passage de l'animal dans
la nuit et remonter le courant à la nage en suivant la traînée de
bulles laissée par celui-ci lorsqu'il plongeait pour s'échapper.
Lorsque la chasse à la loutre fut interdite au Royaume-Uni
dans les années 1970, le Otterhound Club y fut créé pour
assurer la survie de la race.

Le Chien à loutre peut faire un chien de compagnie
amical quoique têtu et se révéler quelque peu destructeur
à la maison s'il n'a pas appris la discipline. Comme
les autres races au poil épais, il peut être installé
à l'extérieur si le maître le souhaite. La plupart
des représentants de la race vivent toutefois
en intérieur. Ce sont des chiens qui ont
besoin de beaucoup se dépenser
et dont le poil doit être entretenu
une fois par semaine, voire baigné
si nécessaire.

*Le Chien à loutre
est une race au poil
hirsute avec une tête
majestueuse encadrée
par de longues oreilles
pendantes.*

Tête Ciselée très imposante

Oreilles Longues et pendantes attachées au niveau du coin de l'œil

Queue
Implantée haut,
portée haut en
alerte ou en
mouvement.

Yeux
Intelligents

Tronc Poitrail profond,
avec cage thoracique assez
profonde et bien suspendue

Caractères de la race

Classification 6ᵉ groupe, section 1.1,
chiens courants de grande taille.
Taille *Mâle* : de 60 à 67,5 cm.
Femelle : de 57,5 à 65 cm.
Poids *Mâle* : de 33 à 51 kg.
Femelle : de 30 à 45 kg.
Poil Long, dense, rude et bourru
mais non trop dur, donnant au chien
un aspect hirsute.
Robe Toutes couleurs reconnues chez
les chiens courants sont permises.

Soins et entretien

	1	2	3	4
	1	2	3	4
	1	2	3	4
	1	2	3	4

Chien courant italien

4	3	2	1	
4	3	2	1	
4	3	2	1	
4	3	2	1	

Le Chien courant italien, ou Segugio Italiano, existe en deux variétés : à poil court et à poil dur. Ses origines remontent aux chiens de course de l'ancienne Égypte, l'animal conservant dans son aspect quelque chose des lévriers de type Greyhound. Pourvu d'une vue très fine et d'un excellent odorat, il servait jadis contre une grande variété de gibiers. De nos jours, on l'emploie surtout pour la chasse au lièvre. C'est un chien qui, une fois la proie découverte, reste bravement dans la zone de portée des fusils.

Chasseur par nature, le Chien courant italien doit être dressé à ce travail dès ses premiers mois. Quoique volontaire et indépendant, il fait généralement preuve d'un bon caractère et peut être choisi comme animal de compagnie. Il lui faut beaucoup d'exercice et un brossage régulier suffit à l'entretien de son poil.

Caractères de la race

Classification 6e groupe, section 1.2, chiens courants de taille moyenne.
Taille *Mâle* : de 52 à 58 cm.
Femelle : de 48 à 56 cm.
Poids De 18 à 28 kg.
Poil Court, dense, brillant et lisse ; ou bien mi-long, dur et rêche.
Robe Différentes nuances de rouge, de fauve, ou noire et feu avec ou sans étoile blanche au poitrail.

Yeux Grands et lumineux

Tête Allongée et étroite

Queue Implantée haut, dans la ligne de la croupe

Oreilles pendantes, devant être plates sur la presque totalité de leur longueur

Tronc Longueur du corps du garrot au fessier devant être égale à la hauteur au garrot

Rhodesian Ridgeback

Caractères de la race

Classification 6e groupe, section 3, races apparentées chiens courants.

Taille *Mâle* : de 63 à 69 cm.

Femelle : de 61 à 66 cm.

Poids *Mâle* : 36 kg environ.

Femelle : 32 kg environ.

Poil Court, dense, lisse et brillant.

Robe Fauve clair à fauve rouge. Blanc sur le poitrail et les doigts admis.

Son nom signifie « dos crêté ». En Afrique du Sud, le peuple Khoikhoi chassait avec un chien portant en effet sur le dos une crête composée de poils poussant en sens inverse du reste de la robe. Durant les XVIe et XVIIe siècles, les Européens apportèrent des Pointers, Mastiffs, Greyhounds et Bulldogs qu'ils croisèrent avec le Ridgeback. La race doit également son nom à l'ex-Rhodésie – aujourd'hui le Zimbabwe – où elle était très prisée par les colons qui l'utilisaient en meute pour chasser le lion, de même qu'à la garde des propriétés.

Le Rhodesian Ridgeback est obéissant, doux avec les enfants mais saura protéger ses maîtres au péril de sa vie. Il est capable de courir très vite à la poursuite d'un lapin ou de quelque autre proie. Il nécessite beaucoup d'exercice, et son poil un entretien quotidien avec un gant spécial.

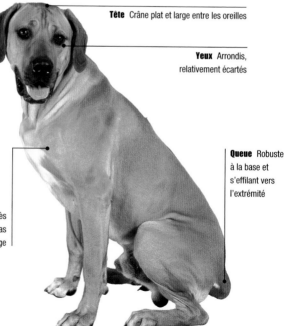

Tête Crâne plat et large entre les oreilles

Oreilles Implantées assez haut

Yeux Arrondis, relativement écartés

Queue Robuste à la base et s'effilant vers l'extrémité

Tronc Poitrail très profond mais pas trop large

Grand Griffon vendéen

Les Griffons vendéens sont représentés par quatre races :
le Grand Griffon vendéen, le Briquet Griffon vendéen, le
Grand et le Petit Basset Griffon vendéen. Le Grand Griffon
vendéen est le plus ancien des quatre et l'ancêtre des trois
autres. Il est probablement issu d'un Saint-Hubert blanc croisé
avec une chienne italienne à la robe blanche et fauve. Du sang
de Griffon nivernais et de chiens d'arrêt a également contribué
à sa vigueur et à son endurance. C'est un grand chien courant
employé jadis contre les loups, recyclé dans la chasse
au sanglier.

Intelligent et attrayant, le Grand Griffon vendéen fait
également un bon chien de compagnie s'il est dressé
fermement. Signalons également une certaine tendance
à l'indépendance. Il faudra, quoi qu'il en soit, lui permettre
de prendre beaucoup d'exercice.

Soins et entretien

4	3	2	1
4	3	2	1
4	3	2	1
4	3	2	1

Caractères de la race

Classification 6e groupe, section 1.1,
chiens courants de grande taille.
Taille *Mâle* : de 62 à 68 cm.
Femelle : de 60 à 65 cm.
Poids De 30 à 35 kg.
Poil Broussailleux, long et rude
au toucher. Sous-pol fourni.
Robe Fauve, fauve grisonnant ou
sable uni ; blanche avec marques
rouges, fauves, grises ou noires ;
bicolore ou tricolore.

Yeux Sombres sans blanc
apparent et à l'expression douce

Tête Arrondie

Queue Implantée haut
et forte à la base

Oreilles
Pendantes
et souples

Tronc Dos long et large

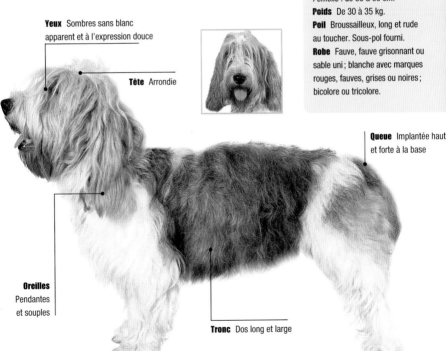

Petit Basset Griffon vendéen

Caractères de la race

Classification 6ᵉ groupe, section 1.3, chiens courants de petite taille.
Taille De 34 à 38 cm.
Poids De 30 à 35 kg.
Poil Dur mais pas trop long, jamais soyeux ni laineux. Sous-poil fourni.
Robe Fauve, fauve grisonnant ou sable uni ; blanche et feu, fauve, grise ou noire ; bicolore ou tricolore.

Petit chien courant très court sur pattes, le Petit Basset Griffon vendéen a été décrit comme un basset miniature, de taille proportionnellement réduite mais qui a conservé toutes ses qualités, entre autres la passion de la chasse, le courage sous les couverts les plus denses et la vigueur. Développé à partir du Grand Griffon vendéen, il est employé à la chasse au faisan et au lapin, mais n'hésite pas à s'attaquer à des gibiers plus gros.

Hautement attrayant, le Petit Basset Griffon vendéen suscite actuellement un fort engouement en tant que chien de compagnie. Son poil nécessite peu d'entretien, mais cet animal, rural par essence, doit pouvoir prendre beaucoup d'exercice pour se maintenir en bonne santé.

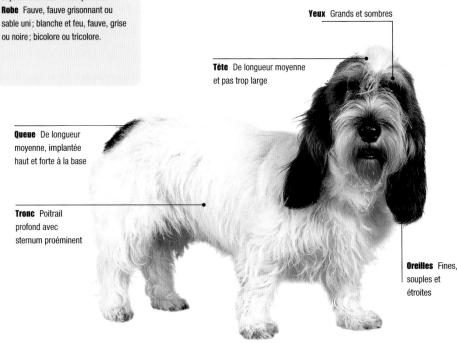

Yeux Grands et sombres

Tête De longueur moyenne et pas trop large

Queue De longueur moyenne, implantée haut et forte à la base

Tronc Poitrail profond avec sternum proéminent

Oreilles Fines, souples et étroites

Chiens courants suisses

La FCI répertorie sous le nom de Chien courant suisse plusieurs variétés distinctes parmi lesquelles le Chien courant bernois, le Chien courant lucernois et le Chien courant de Schwyz, tous chiens courants de taille moyenne. Mais il existe également, dans la catégorie des chiens courants de petite taille, des versions à pattes courtes des variétés citées ci-dessus obtenues par croisement avec le Teckel, pour produire des chasseurs spécialisés pour certains types de terrain. Pourvues d'un odorat très fin et très endurantes, les deux variétés sont employées pour chasser cervidés, renard et lièvre.

Calmes mais robustes, les Chiens courants suisses sont avant tout des chasseurs et non des compagnons d'intérieur. Il leur faut beaucoup d'exercice et leur poil doit être entretenu à l'aide d'un gant spécial et, pour les variétés à poil rude, d'une brosse à lisser.

Soins et entretien

4	3	2	1	🐕
4	3	2	1	🥣
4	3	2	1	🖌
4	3	2	1	🏠

Caractères de la race

Classification 6ᵉ groupe, section 1.2 et 1.3, chiens courants de taille moyenne et petite.

Taille *Mâle* : de 49 à 59 cm ; *femelle* : de 47 à 57 cm (petits, *mâles* : de 35 à 43 cm ; *femelle* : de 33 à 40 cm).

Poids 20 kg environ (petits : 15 kg).

Poil *De Schwyz et Bernois* : rude et dur, avec sous-poil épais. *Lucernois* : court et très dense.

Robe *De Schwyz* : blanche avec marques orange. *Bernois* : tricolore, blanche et noire avec des marques feu intense. *Lucernois* : blanche tachetée de gris ou de bleu, avec de larges marques sombres ou noires.

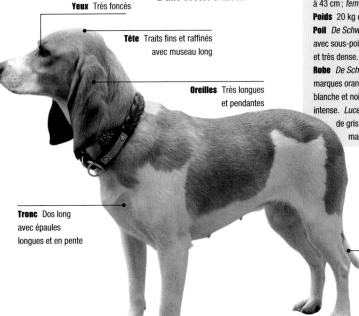

Yeux Très foncés

Tête Traits fins et raffinés avec museau long

Oreilles Très longues et pendantes

Queue Longue sans excès et effilée

Tronc Dos long avec épaules longues et en pente

Chien courant du Jura

1 2 3 4

1 2 3 4

1 2 3 4

1 2 3 4

Caractères de la race

Classification 6e groupe, section 1.2, chiens courants de taille moyenne.
Taille *Mâle* : de 49 à 59 cm ; *femelle* : de 47 à 57 cm (petits, *mâle* : de 35 à 43 cm ; *femelle* : de 33 à 40 cm).
Poids 20 kg environ (petits : 15 kg).
Poil Court.
Robe Jaunâtre ou brun rougeâtre, avec ou sans selle noire ; noire avec marques feu au-dessus des yeux, sur les joues et les parties inférieures du corps.

Élevé dans le Jura suisse, le Chien courant du Jura existe en deux variétés, le Bruno et le Saint-Hubert. Les deux font partie des Chiens courants suisses et ont la même origine. Ils marquent toutefois une plus forte ressemblance que ces derniers avec le Saint-Hubert, notamment le type Saint-Hubert qui présente une tête plus lourde, des oreilles plus grandes et des replis de peau plus prononcés sous la tête et au niveau du cou que le type Bruno. Ils ont également leurs homologues à pattes courtes : les Petits Chiens courants du Jura. Chasseurs puissants et enthousiastes, ils sont essentiellement utilisés contre le lièvre et travaillent sur tous les types de terrain.

Doux et affectueux, les Chiens courants du Jura font d'excellents compagnons de chasse. Mais leurs puissants instincts les rendent inadaptés à la vie en intérieur. Ils ont besoin en effet de beaucoup d'exercice. Leur poil doit être entretenu à l'aide d'un gant spécial.

Yeux Paupières assez lâches
Tête Lourde au crâne arrondi
Oreilles Grandes et très longues oreilles, implantées bas et très en arrière
Queue De longueur moyenne
Tronc Dos de longueur moyenne

Basset-Hound

Les chiens de type basset ont en commun avec la famille des greyhounds d'avoir été dépeints dans les tombeaux de l'ancienne Égypte, ce qui témoigne d'une longue existence. Toutefois, le Basset-Hound n'a été développé en Grande-Bretagne qu'à la fin du XIXe siècle par croisement du Basset artésien normand avec le Saint-Hubert. Malgré sa gaucherie apparente et sa lenteur, c'est un chien robuste, agile et sûr, doué à l'origine pour la chasse à courre au lièvre, au lapin, au chevreuil et même au sanglier.

Aujourd'hui essentiellement chien de compagnie et de concours, le Basset-Hound est un animal adorable qui s'entend très bien avec les enfants mais nécessite beaucoup d'exercice. C'est aussi un excellent pisteur animé d'une forte tendance au vagabondage. Son caractère plutôt entêté appelle un dressage ferme. Son poil a besoin d'un entretien quotidien.

Soins et entretien

4	3	2	1	🐕
4	3	2	1	🥣
4	3	2	1	🖌
4	3	2	1	🏠

Caractères de la race

Classification 6e groupe, section 1.3, chiens courants de petite taille.
Taille De 33 à 38 cm.
Poids De 18 à 27 kg.
Poil Dur, lisse, court et dense.
Robe Généralement tricolore (blanche, noire et feu) ou bicolore (blanche et citron), mais toutes les colorations rencontrées chez les chiens courants sont admissibles.

Yeux En losange

Tête Crâne arrondi avec stop peu marqué et occipital proéminent

Oreilles Longues, pendantes et attachées bas

Tronc Long et profond sur toute sa longueur

Queue Bien implantée

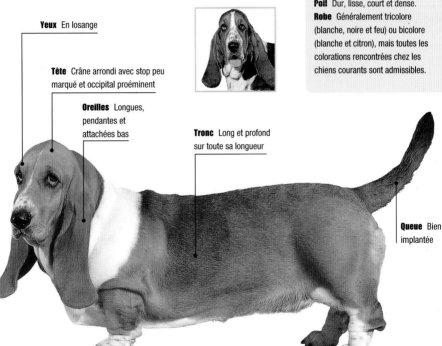

Beagle

Soins et entretien

1 2 3 4

1 2 3 4

1 2 3 4

1 2 3 4

Caractères de la race

Classification 6ᵉ groupe, section 1.3, chiens courants de petite taille.
Taille De 33 à 40 cm.
Poids 17 kg environ.
Poil Court, dense et isolant.
Robe Toutes les colorations des chiens courants admises, sauf marron foie, extrémité de la queue blanche.

Ce petit chien courant existe en Grande-Bretagne depuis le règne d'Henri VIII (1509-1547). Sa fille, Elizabeth Iʳᵉ, en posséda de nombreux sujets, certains si petits qu'ils pouvaient tenir dans une poche. La race fut importée en France au XIXᵉ siècle. Souvent connu sous le nom de Singing Beagle (Beagle chanteur) il est toutefois discret en intérieur, réservant sa voix pour la chasse. Adepte de la courre au lapin et au lièvre en Grande-Bretagne, il a été utilisé contre le sanglier et les cervidés en Scandinavie. Aux États-Unis et au Canada, il travaille également comme chien de chasse à tir.

Ce chien affectueux, doux avec les enfants, robuste et déterminé, sera un bon compagnon familial. Toutefois, il n'est guère obéissant et, comme tous les chiens courants, cherchera à s'aventurer loin de la maison. Il n'a pourtant besoin que d'une quantité moyenne d'exercice et son poil court et isolant ne demande guère d'entretien.

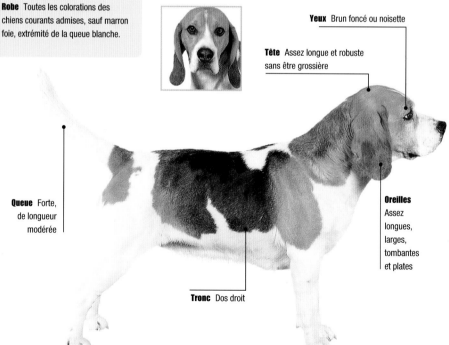

Yeux Brun foncé ou noisette

Tête Assez longue et robuste sans être grossière

Oreilles Assez longues, larges, tombantes et plates

Queue Forte, de longueur modérée

Tronc Dos droit

Basset fauve de Bretagne

Issu du très ancien Griffon fauve de Bretagne, le Basset fauve de Bretagne fut développé à partir du Grand Basset Griffon vendéen et d'autres races à pattes courtes. Conçu pour mener des traques dans la lande bretonne épineuse et autres terrains difficiles, il était employé à la Renaissance pour la chasse au renard. François Iᵉʳ en entretenait une meute, mais la race faillit disparaître au XIXᵉ siècle, délaissée sans doute à cause de son tempérament têtu et indiscipliné. Évoquant un gros teckel à poil dur, c'est le plus court de tous les bassets, avec une silhouette plutôt trapue. Son poil rude et serré le protège sous les ronciers épais et il possède un flair très fin et montre de l'ardeur à la chasse.

Doté d'un caractère très vif, il a besoin d'un dressage précoce. C'est un chien rustique qui demande beaucoup d'exercice, mais peu exigeant en ce qui concerne l'entretien du poil.

Soins et entretien

4	3	2	1	🐕
4	3	2	1	🥣
4	3	2	1	🖌
4	3	2	1	🏠

Caractères de la race

Classification 6ᵉ groupe, section 1.3, chiens courants de petite taille.
Taille De 32 à 38 cm.
Poids 15 kg environ.
Poil Très dur et serré.
Robe Fauve, dorée ou blé mûr ; petites taches blanches admises sur le cou ou le poitrail.

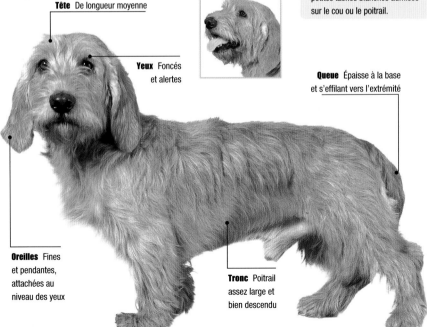

Tête De longueur moyenne

Yeux Foncés et alertes

Queue Épaisse à la base et s'effilant vers l'extrémité

Oreilles Fines et pendantes, attachées au niveau des yeux

Tronc Poitrail assez large et bien descendu

Soins et entretien

🐕 1 2 3 4

🥣 1 2 3 4

🪮 1 2 3 4

🏠 1 2 3 4

Caractères de la race

Classification 6e groupe, section 1.1, chiens courants de grande taille.

Taille *Mâle* : de 65 à 72 cm.
Femelle : de 62 à 68 cm.

Poids 35 kg environ.

Poil Court, lisse, isolant et quelque peu rude au toucher.

Robe Entièrement mouchetée (noir et blanc) avec larges surfaces truitées de noir, donnant une impression de bleu. Marques feu sur la tête, les membres et sous la queue.

Grand Bleu de Gascogne

Doté d'un odorat très fin, le Grand Bleu de Gascogne est réputé pour sa capacité à saisir les pistes « froides ». Développé au XIVe siècle par Gaston Phœbus, comte de Foix, il devint le favori du roi Henri IV (1553-1610) qui en entretenait une meute. Bien que plus grand et plus léger que beaucoup d'autres chiens courants, cet animal aristocratique à la voix mélodieuse reste très puissant et vigoureux. Il chassa le loup en France jusqu'à son extinction, ainsi que l'ours et le sanglier et reste l'un des meilleurs chiens pour la chasse au grand gibier.

D'un tempérament calme et amical, le Grand Bleu de Gascogne est avant tout un chien de terrain réclamant beaucoup d'exercice et auquel la vie en intérieur ne convient pas. Son poil doit être entretenu régulièrement et ses oreilles contrôlées fréquemment.

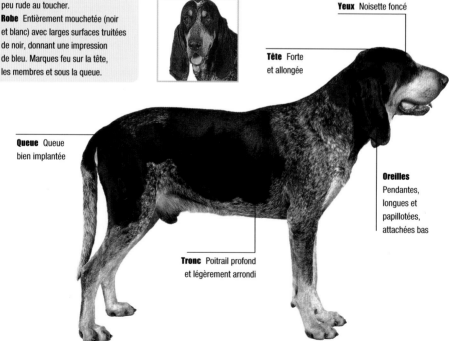

Yeux Noisette foncé

Tête Forte et allongée

Queue Queue bien implantée

Oreilles Pendantes, longues et papillotées, attachées bas

Tronc Poitrail profond et légèrement arrondi

Les chiens courants et les lévriers

Teckels

La FCI répertorie les Teckels en trois variétés de taille – standard, nain et Kaninchen –, chacune apparaissant en trois types de poil : ras, long et dur. Les Teckels, issus de races anciennes de chiens de chasse allemands, telles que le Biberhund, sont connus au moins depuis le XVIe siècle. Il n'existait à l'origine que la forme à poil ras qui a servi à la production des deux autres. La forme à poil dur fut produite par l'apport de sang de Schnauzer, de Dandie-Dinmont et d'autres races de terriers, tandis que celle à poil long résulte de l'introduction de Stöber allemand dans une souche croisée de Teckel à poil ras et d'Épagneul.

Courageux et dévoués, les Teckels sont d'excellents compagnons et de bons chiens de garde, dotés d'une voix forte pour leur taille. La variété à poil ras est facile à entretenir, ne nécessitant qu'un bouchonnage quotidien à l'aide d'un gant spécial et d'un linge doux. Les deux autres devront être brossées et peignées.

4	3	2	1	🐕
4	3	2	1	🥣
4	3	2	1	🪥
4	3	2	1	🏠

Caractères de la race

Classification 4e groupe, section 1 Teckels (Dachshunds).

Taille *Standard* : moins de 9 kg. *Nain* : moins de 4 kg à 18 mois et tour de poitrine de moins de 35 cm. *Kaninchen* : moins de 3,5 kg à 18 mois et tour de poitrine de moins de 30 cm.

Poil *Poil ras* : Dense, très court et lisse. *Poil long* : Souple, droit ou seulement légèrement ondulé. *Poil dur* : Court, droit et rude au toucher, avec long sous-poil.

Robe *Poil ras et poil long* : unie (fauve rouge de préférence) ; bicolore (noire, marron, grise ou blanche avec marques feu) ; arlequin (brune ou gris clair avec taches brun foncé, fauve rouge ou noires). *Poil dur* : toutes colorations admises.

Teckel à poil ras
La plus ancienne des trois variétés, le Teckel à poil ras, est favorite dans les pays anglo-saxons.

Yeux De taille moyenne

Tête Longue, de forme conique vue de dessus

Oreilles Attachées haut

Queue Prolongeant l'épine dorsale, portée légèrement recourbée

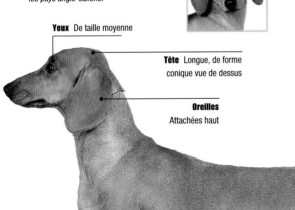

Tronc Long et musclé

Standard à poil dur, poivre et sel

Teckel à poil dur
*Cette variété résulte de croisements
avec diverses races de terriers.*

Nain à poil dur, noir et feu

Nain à poil long, noir et feu

Teckel à poil long
*Des croisements entre la variété
à poil ras et des types chien
de chasse ont produit cette variété.*

Standard à poil long, feu

Greyhound

On peut penser que le Greyhound est la race de chien la plus pure du monde, n'ayant pratiquement pas changé depuis les représentations que l'on en a trouvées dans les tombeaux égyptiens. Elle est également mentionnée dans la Bible, dans le Livre de Salomon. Il est vraisemblable que cet animal soit passé depuis l'Afrique en Afghanistan, où son poil se serait épaissi pour faire face au climat plus froid, et qu'il ait été ensuite apporté par les Celtes jusqu'en Grande-Bretagne. Doté d'une très bonne vue et très rapide, le Greyhound a toujours été très prisé comme chien de chasse et, plus récemment, comme animal de compétition dans les cynodromes.

Malgré sa tendance à chasser tout ce qui bouge, le Greyhound est un chien gentil et fidèle, doux avec les enfants. Il a besoin d'un brossage quotidien et d'une dose moyenne mais régulière d'exercice sur sol dur. C'est un chien qui prend peu de place, sachant apprécier son petit coin.

Caractères de la race

Classification 10e groupe, section 3, lévriers à poil court.
Taille *Mâle* : de 71 à 76 cm.
Femelle : de 68 à 71 cm.
Poids *Mâle* : de 29 à 31 kg.
Femelle : de 27 à 29 kg.
Poil Fin et serré.
Robe Noire, blanche, rouge, bleue, fauve, fauve pâle, fauve bringé, ou bien l'une des couleurs entrecoupée de blanc.

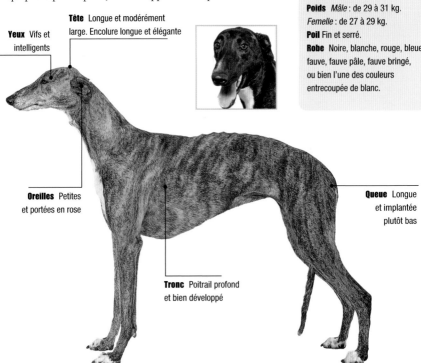

Tête Longue et modérément large. Encolure longue et élégante

Yeux Vifs et intelligents

Oreilles Petites et portées en rose

Queue Longue et implantée plutôt bas

Tronc Poitrail profond et bien développé

Whippet

Le Whippet ressemble à un Greyhound en miniature, ce dernier ayant sans aucun doute joué un rôle dans son développement. L'autre moitié du croisement reste incertaine. S'agissait-il du Chien du Pharaon, comme cela paraît plausible, de quelque autre chien courant importé ou encore d'un terrier ? Toujours est-il qu'il a été créé il y a environ un siècle pour produire des animaux de compétition. Dissimulant derrière une silhouette d'apparence assez frêle une exceptionnelle puissance musculaire et comptant parmi les plus rapides du monde, on l'a vu réaliser une vitesse de 58,76 km/h !

Intelligent, calme et silencieux, le Whippet est un chien docile et doux avec les enfants. Parfait animal de compagnie – voire bon chien de garde –, il est facile à dresser et très attaché aux siens. Capable de se plier à un mode de vie citadin, ce puissant athlète doit toutefois pouvoir se dépenser beaucoup. Très propre, son poil ne nécessite qu'un brossage et un bouchonnage occasionnels.

Soins et entretien

	1	2	3	4
	1	2	3	4
	1	2	3	4
	1	2	3	4

Caractères de la race

Classification 10e groupe, section 3, lévriers à poil court.
Taille *Mâle* : de 47 à 51 cm. *Femelle* : de 44 à 47 cm.
Poids 10 kg environ.
Poil Court, fin et serré.
Robe Toutes couleurs et tous mélanges de couleurs admis.

Tête Longue et mince

Oreilles Portées en rose

Queue Longue et fine, non frangée

Yeux Ovales, brillants, à l'expression très alerte

Tronc Poitrail très profond et cage thoracique très spacieuse

Deerhound
ou lévrier écossais

4	3	2	1	
4	3	2	1	
4	3	2	1	
4	3	2	1	

Emblème du Kennel Club écossais, le Deerhound arriva en Écosse avec les marchands phéniciens, il y environ 3 000 ans. C'est pour affronter le rude climat local qu'il développa son épais pelage isolant. Dans les Highlands, la race devint vite favorite des chefs de clans, chassant avec eux et ornant de leur présence leurs demeures. De nos jours, ce chien est engagé dans les courses au lièvre et apparaît dans les expositions.

Bien que doux à la maison, il doit être dressé à savoir rester calme face au bétail, car il peut tuer si ses instincts de chasseur sont éveillés. Avec son pelage broussailleux, la vie à l'extérieur en chenil ne lui pose aucun problème, d'autant qu'il n'aime pas trop la chaleur. Il a énormément besoin d'exercice mais son poil ne réclame pratiquement aucun entretien, juste un bon brossage avant un concours.

Caractères de la race

Classification 10e groupe, section 2, lévriers à poil dur.
Taille *Mâle* : 76 cm au minimum.
Femelle : 71 cm au minimum.
Poids *Mâle* : 45,5 kg environ.
Femelle : 36,5 kg environ.
Poil Broussailleux mais non surchargé.
Robe Gris bleu foncé et gris plus foncés et plus clairs ; bringée et jaune ; rouge sable ou rousse avec points noirs.

Yeux Foncés

Tête Large au niveau des oreilles, devenant un peu plus étroite vers les yeux

Oreilles Attachées haut, repliées en arrière au repos

Queue Longue et épaisse à la base

Tronc Silhouette générale semblable au Greyhound, mais de plus grande taille et d'ossature plus massive

Wolfhound ou lévrier irlandais

Caractères de la race

Classification 10ᵉ groupe, section 2, lévriers à poil dur.

Taille *Mâle* : 79 cm au minimum.
Femelle : 71 cm au minimum.

Poids *Mâle* : 54,5 kg au minimum.
Femelle : 40,5 kg au minimum.

Poil Rude et dur.

Robe Grise, gris acier, bringée, rouge, noire, blanc pur, fauve pâle à fauve roux.

Le Wolfhound est le plus grand chien du monde et la race nationale de l'Irlande. Développé à l'origine pour chasser le loup, on le suppose issu des chiens introduits dans cette île par les Celtes lorsqu'ils envahirent le continent européen à partir de la Grèce vers 279 av. J.-C.

Voilà un chien que bien des gens choisiraient si leur mode de vie et la taille de leur habitation le leur permettaient ! Pourtant, le Wolfhound ne nécessite pas plus de dépense physique que les races de taille moyenne et possède un tempérament calme lui permettant de vivre en intérieur. Il est également populaire dans les expositions canines et, dans la mesure où il doit être présenté dans un état dit « naturel », un bon brossage avec suppression des poils abîmés est la seule préparation requise.

Yeux Foncés

Tête Longue et portée haut

Oreilles Petites et portées en rose

Tronc
Poitrail très
profond

Queue Longue
et légèrement
recourbée

Saluki

4	3	2	1
4	3	2	1
4	3	2	1
4	3	2	1

Le Saluki est une race ancienne dont des représentations très proches figurent dans les tombeaux égyptiens. La race tient peut-être son nom de la cité de Saluk au Yémen, ou de la ville de Seleukia, dans l'ancien empire Hellénique de Syrie; Le Saluki est très estimé par les peuples arabes, notamment les Bédouins, qui l'apprécient pour sa capacité à suivre leurs chevaux et, associé à un faucon, pour ses talents de chasseur de gazelle. En France, où il est apparu en 1934, il est recherché comme chien de compagnie et d'exposition.

Élégant et quelque peu distant, le Saluki est toutefois loyal et affectueux. C'est aussi un redoutable chasseur, rapide et endurant. En ville comme à la campagne, il faut donc contrôler ses instincts et lui permettre de courir tous les jours. Son poil soyeux doit être entretenu quotidiennement à l'aide d'une brosse douce et d'un gant spécial.

Caractères de la race

Classification 10e groupe, section 1, lévriers à poil long ou frangé.
Taille *Mâle* : de 58 à 71 cm.
Femelle : un peu plus petites.
Poids De 14 à 25 kg.
Poil Lisse et de texture soyeuse.
Robe Toutes les couleurs et combinaisons de couleurs sont admises. Bringée indésirable.

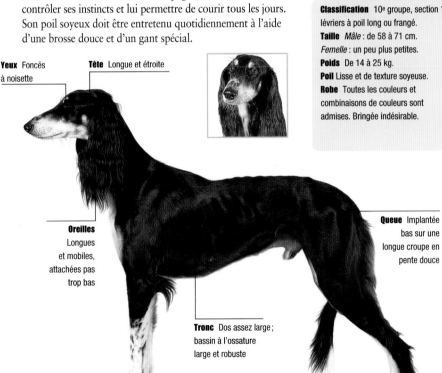

Yeux Foncés à noisette

Tête Longue et étroite

Oreilles Longues et mobiles, attachées pas trop bas

Queue Implantée bas sur une longue croupe en pente douce

Tronc Dos assez large ; bassin à l'ossature large et robuste

Barzoï

Le Barzoï fut utilisé en Russie à partir du XVIIᵉ siècle pour la chasse au loup, un sport réservé aux tsars et aux membres de la noblesse. Ce chien devait traquer l'animal après l'avoir délogé, mais non le tuer. Sa tâche consistait à saisir le prédateur à la gorge et le renverser à terre, où il était ensuite achevé par l'homme à l'aide d'une dague.

Le Barzoï est un chien de compagnie élégant, intelligent et fidèle, quoiqu'un peu distant. Il est assez répandu dans les expositions canines. Ce n'est pas le camarade de jeu idéal des enfants car il n'aime pas être agacé. Il lui faut énormément d'espace et d'exercice et, en milieu rural, il conviendra de le surveiller face au bétail, eu égard à ses puissants instincts de chasseur. Son long poil réclame étonnamment peu d'entretien.

Soins et entretien

1 2 3 4

1 2 3 4

1 2 3 4

1 2 3 4

Caractères de la race

Classification 10ᵉ groupe, section 1, lévriers à poil long ou frangé.

Taille *Mâle* : de 75 à 85 cm.
Femelle : de 68 à 78 cm.

Poids *Mâle* : de 35 à 45 kg.
Femelle : de 27 à 38 kg.

Poil Plat et soyeux, ondulé ou plutôt bouclé ; jamais laineux.

Robe Combinaison de toutes les couleurs, sauf avec le bleu, le marron et leurs dérivés. Uniforme ou pie.

Yeux Sombres à l'expression intelligente et alerte

Tête Longue et très mince, proportionnée à la silhouette générale

Queue Longue et implantée assez bas

Oreilles Petites, pointues et délicates

Tronc Poitrail profond et étroit

Chien d'élan norvégien

Le Chien d'élan norvégien, ou Norsk Elghund, existe probablement dans sa Scandinavie natale depuis des millénaires. En effet, des archéologues ont découvert des os ayant appartenu à des chiens similaires dans des tombeaux vikings datant de 5000 à 4000 av. J.-C. À la chasse, sa tâche consistait à débusquer et à contenir un élan que son maître venait ensuite tuer. La FCI en reconnaît deux variétés, l'une grise, l'autre noire.

Actif, indépendant et volontaire, ce redoutable chasseur se transforme à la maison en compagnon affectueux et très sociable, d'une douceur extrême avec les enfants. Beaucoup d'exercice et un entretien quotidien du poil à la brosse et au peigne seront nécessaires à ce chien dépourvu d'odeur.

4 3 2 1

4 3 **2** 1

4 3 2 **1**

4 3 **2** 1

Yeux Légèrement ovales

Tête En forme de coin

Oreilles Dressées, attachées haut

Queue
Épaisse,
enroulée sur
le rein

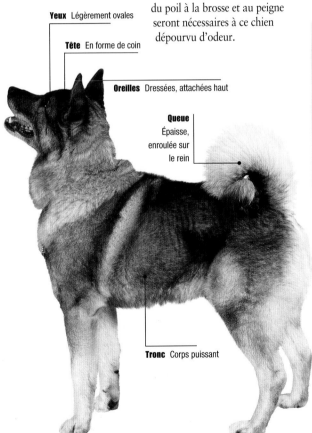

Tronc Corps puissant

Caractères de la race

Classification 5e groupe, section 2, chiens de type Spitz nordiques de chasse.

Taille *Gris* : *mâle* : 52 cm environ ; *femelle* : 49 cm environ.
Noir : *mâle* : de 45 à 50 cm ; *femelle* : de 42 à 47 cm.

Poids *Gris* : 25 kg environ.
Noir : 20 kg environ.

Poil Serré, abondant, et isolant. Poils de garde rudes et droits, sous-poil doux et laineux.

Robe *Gris* : fond sable plus ou moins charbonné, avec masque noir.
Noir : noir brillant.

Lévrier afghan

Soins et entretien

1 2 3 4

1 2 3 4

1 2 3 4

1 2 3 4

Caractères de la race

Classification 10ᵉ groupe, section 1, lévriers à poil long ou frangé.

Taille *Mâle* : de 68 à 74 cm.

Femelle : de 63 à 69 cm.

Poids *Mâle* : 27 kg environ.

Femelle : 22 kg environ.

Poil Long, très fin et soyeux.

Robe Toutes colorations admises.

La Bible raconte que le Lévrier afghan faisait partie des animaux recueillis par Noé au moment du Déluge, attestant l'ancienneté de la race. Ses ancêtres partirent de Perse (l'Iran) et parvinrent en Afghanistan où ils développèrent la longue fourrure que nous connaissons, afin de résister à des conditions climatiques plus rudes. La rapidité et la vigueur du Lévrier afghan étaient utilisées pour chasser le léopard, le loup et le chacal. Il a conservé ce rôle de chasseur, mais en Occident on voit en lui un symbole des valeurs des hautes classes sociales.

Le Lévrier afghan est un chien magnifique, élégant et affectueux, généralement de bon caractère mais qui n'aime pas être embêté. Il est intelligent, quelque peu distant et doit pouvoir prendre beaucoup d'exercice. Son pelage long et fourni s'emmêle vite et doit être régulièrement brossé à l'aide d'une brosse à coussin d'air.

Tête Allongée mais pas trop étroite

Yeux Foncés de préférence, pouvant être dorés

Oreilles Implantées bas et très en arrière

Queue Pas trop courte

Tronc Dos droit, modérément allongé

Les terriers

Bull-Terrier

Certains ne voient dans le Bull-Terrier qu'une manifestation de la laideur tandis que d'autres admirent ce chien décrit comme le «gladiateur de la gent canine». Issu d'un croisement entre le vieux Bulldog anglais et un terrier, il commença sa carrière comme chien de combat. Les premiers sujets étaient très semblables au Bull-Terrier du Staffordshire. Par la suite, du sang de Dalmatien – et peut-être d'autres races – fut introduit.

Si vous êtes un admirateur des races de type bull, vous adorerez le Bull-Terrier. Bien dressé, c'est un animal de compagnie fidèle et dévoué. La femelle, en particulier, fait preuve d'un comportement très sûr avec les enfants. Mais c'est un chien très puissant qui doit trouver un maître à la mesure de sa force. Son poil court et plaqué est facile à entretenir.

Soins et entretien

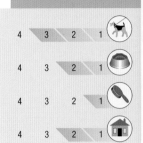

4   3   2   1

4   3   2   1

4   3   2   1

4   3   2   1

Caractères de la race

Classification 3e groupe, section 3, terriers de type bull.

Taille Pas de limites définies pour les deux sexes.

Poids Pas de limites définies.

Poil Court et plaqué.

Robe Les sujets blancs sont d'un blanc pur; pour les sujets colorés, les robes bringées sont préférées; noire, rouge, fauve et tricolore admissibles.

Tête Longue, ovoïde vue de face, au stop inexistant et épaisse jusqu'au bout du museau

Yeux Apparaissant étroits

Oreilles Petites, fines, dressées et rapprochées

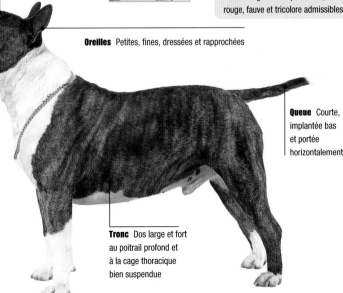

Queue Courte, implantée bas et portée horizontalement

Tronc Dos large et fort au poitrail profond et à la cage thoracique bien suspendue

Bull-terrier miniature

Ce chien est une réplique réduite du Bull-Terrier dont il partage le standard, à l'exception de la taille. Très tôt, dans l'histoire de la race, apparurent des sujets dont le poids ne dépassait pas 4,5 kg. Mais il fallut attendre 1939 pour que la variété miniature soit reconnue pour la première fois par le Kennel Club britannique. Elle n'a toutefois jamais été très populaire et peu de sujets sont observés en concours.

Ce chien adorable et de bonne compagnie présente les mêmes caractéristiques que son homologue de grande taille, se montrant généralement doux avec les enfants. Il a besoin d'un brossage quotidien et de beaucoup d'exercice.

Soins et entretien

1 2 3 4

1 2 3 4

1 2 3 4

1 2 3 4

Caractères de la race

Classification 3e groupe, section 3, terriers de type bull.
Taille 35,5 cm au plus pour les deux sexes.
Poids Pas de limites définies.
Poil Court et plaqué, avec un joli brillant.
Robe Blanc pur, noire, bringée, rouge, fauve ou tricolore.

Tête Longue, forte et profonde, à profil doucement incurvé vers le bas

Yeux Paraissant étroits, disposés à l'oblique et de forme triangulaire

Oreilles Fines et proches l'une de l'autre

Queue Courte, implantée bas et portée horizontalement

Tronc Dos large au poitrail profond et à la cage thoracique bien suspendue

Bull-Terrier du Staffordshire

Le Bull-Terrier du Staffordshire – le « Staffy » des Anglais – ne doit pas être confondu avec le Staffordshire-Terrier américain, ou Pit-Bull, dont les lignes du développement sont assez différentes. L'adorable compagnon qu'il est devenu possède un passé sanglant. En effet, il a été créé par croisement du vieux Bulldog anglais et d'un terrier, très vraisemblablement le Black-and-Tan Terrier aujourd'hui éteint, à une époque où les combats de chiens et le bull-baiting étaient des « sports » très populaires en Angleterre. Les animaux ainsi produits présentaient tous les caractères des parfaits chiens de lutte : la force et la ténacité du Bulldog, l'agilité et la rapidité de réaction du terrier. Lorsque le bull-baiting et les combats de chiens furent interdits en Grande-Bretagne, le Staffy fut développé sur des bases plus pacifiques pour en faire un chien de compagnie.

En Grande-Bretagne, le Staffy est l'un des chiens de compagnie les plus populaires. Affectueux et bon compagnon de jeux avec les enfants – qu'il adore – c'est en outre un redoutable gardien, d'un courage à toute épreuve. Prompt à s'engager contre les autres chiens dans des altercations dont il ressort généralement vainqueur, il est préférable de le tenir en laisse durant la promenade. À ceci près, c'est un chien totalement sûr et facile d'entretien, qui ne réclame que des brossages réguliers.

De construction massive et tout en muscles, le Bull-Terrier du Staffordshire tient à la fois du Bulldog et des terriers, ses ancêtres. Créé à l'origine pour en faire un chien de combat, il est aujourd'hui très apprécié comme animal de compagnie.

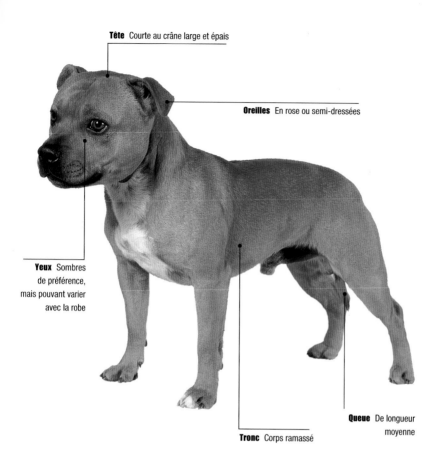

Tête Courte au crâne large et épais

Oreilles En rose ou semi-dressées

Yeux Sombres
de préférence,
mais pouvant varier
avec la robe

Queue De longueur
moyenne

Tronc Corps ramassé

Caractères de la race

Classification 3ᵉ groupe, section 3,
terriers de type bull.
Taille De 35,5 à 40,5 cm.
Poids *Mâle* : de 12,5 à 17 kg.
Femelle : de 11 à 15,5 kg
Poil Court, lisse et serré.
Robe Rouge, fauve, blanche, noire
ou bleue, ou bien l'une de ces couleurs
associée au blanc ; bringée de toute
nuance, avec ou sans blanc associé.

Soins et entretien

	1	2	3	4
	1	2	3	4
	1	2	3	4
	1	2	3	4

Airedale-Terrier

L'Airedale est l'un des plus grands membres de la famille des terriers. Il doit son nom à la vallée de l'Aire, dans le Yorkshire, en Angleterre. Il a été obtenu par croisement entre un terrier de travail et, probablement, le Chien à loutre. Maître dans l'art d'attraper les rats ou les canards, l'Airedale-Terrier peut également être dressé comme chien de chasse ou de garde. C'est ainsi qu'il s'est vu confier des emplois très divers, depuis celui de chien militaire, jusqu'à celui de messager pour la Croix-Rouge ou de chien policier.

Ce chien comblera l'amateur de terrier qui recherche un sujet de grande taille. En tant qu'animal de compagnie, il se montre doux avec les enfants, extrêmement loyal et, malgré sa taille, s'adapte bien à des espaces assez réduits pourvu qu'il puisse prendre beaucoup d'exercice. En vue des expositions, il faudra tailler son poil deux fois par an.

Soins et entretien

4 — 3 — 2 — 1

4 — 3 — 2 — 1

4 — 3 — 2 — 1

4 — 3 — 2 — 1

Caractères de la race

Classification 3ᵉ groupe, section 1, terriers de grande et moyenne taille.
Taille *Mâle* : de 58 à 61 cm.
Femelle : de 56 à 59 cm.
Poids 20 kg environ.
Poil Rude, dense et dur.
Robe Selle, dessus du cou et face supérieure de la queue noirs ou gris ; toutes les autres parties du corps feu. Les oreilles sont parfois d'un feu plus sombre, et des nuances plus foncées apparaissent parfois autour du cou et sur les côtés du crâne. Quelques poils blancs entre les membres antérieurs sont admis.

Yeux Petits et foncés

Tête Longue au crâne plat

Oreilles En V

Queue Implantée haut et portée gaiement, traditionnellement écourtée

Tronc Poitrail profond ; dos court, droit et puissant

Bedlington-Terrier

Avec son poil épais, pelucheux et bien gonflé, le Bedlington ressemble à un agneau. Issu du Dandie-Dinmont-Terrier et du Chien à loutre, il est originaire du Northumberland dans le nord de l'Angleterre, où il aurait été créé par des mineurs pour chasser les rats dans les mines. Le Whippet, ou peut-être le Greyhound, auraient également pris part à sa création.

Le Bedlington est un vrai terrier : adorable, plein de vie et de gaieté, mais une véritable furie lorsqu'on provoque sa colère. Le maître devra donc veiller à ne pas laisser son chien prendre l'ascendant. Il est toutefois facile à dresser et, généralement, adore les enfants. Il lui faut beaucoup d'espace et d'exercice. Son poil doit être taillé régulièrement mais un entretien quotidien à l'aide d'une brosse dure suffit à le maintenir en bon état.

Caractères de la race

Classification 3e groupe, section 1, terriers de grande et moyenne taille.
Taille *Mâle* : de 39 à 43 cm.
Femelle : de 38 à 42 cm.
Poids De 8 à 10 kg.
Poil Épais et feutré.
Robe Bleue, marron foie ou sable, avec ou sans marques feu ; les pigmentations plus sombres doivent être encouragées. Les formes bleues et bleu et feu doivent présenter le nez noir ; les formes marron foie et sable doivent présenter le nez brun.

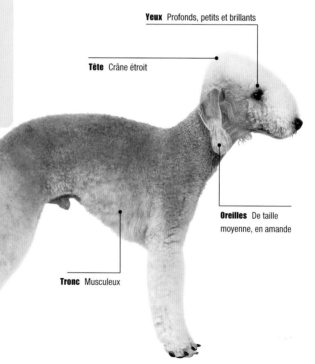

Yeux Profonds, petits et brillants

Tête Crâne étroit

Queue Mi-longue, épaisse à la base et s'effilant en pointe

Oreilles De taille moyenne, en amande

Tronc Musculeux

Fox-Terrier à poil lisse

Le Fox-Terrier à poil lisse fut tout d'abord chien d'étable pour chasser la vermine. Il descend probablement de vieux terriers des régions anglaises du Cheshire et du Shropshire, auxquels fut ajouté du sang de Beagle. Pendant des siècles, les Terriers ont été utilisés pour la chasse au renard, au blaireau et à la vermine. Quand la chasse à courre au renard devint populaire dans les années 1800, le Fox-Terrier était transporté dans une sacoche, prêt à être remis en liberté pour débusquer le renard de son repaire. C'est en 1876 que le standard du Fox-Terrier à poil lisse fut fixé pour la première fois.

Également chien de compagnie et chien de garde, le Fox-Terrier est plein de caractère, dynamique, assez agressif avec les autres chiens. Son dressage doit donc poser clairement l'homme en maître. Il a besoin de beaucoup d'exercice. Son poil nécessite un entretien quotidien avec une brosse dure ainsi qu'une coupe avant une exposition.

Classification 3e groupe, section 1, terriers de grande et moyenne taille.
Taille de 35 à 39,5 cm.
Poids de 7 à 9 kg.
Poil *Droit*, plaqué et lisse.
- *à poil dur*. Dense et très dur.
Robe Entièrement blanche ; blanc dominant avec marques feu ou noires. Marques bringées, rouges ou marron foie hautement indésirables.

Tête Crâne plat, assez étroit

Yeux Petits, sombres et assez profonds

Oreilles En V, retombant en avant vers les joues

Queue Traditionnellement écourtée

Tronc Poitrail profond mais non large

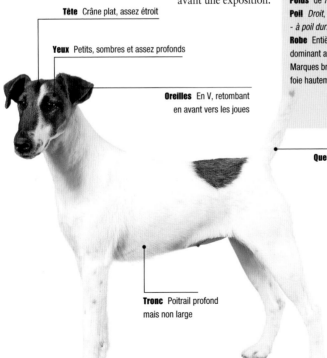

Fox-Terrier à poil dur

Pendant longtemps, le Fox-Terrier à poil lisse et le Fox-Terrier à poil dur furent considérés comme une seule race avec deux variétés sans tenir vraiment compte de leur différence de poil. Il est vrai que, ce point mis à part, leurs conformations s'avèrent tout à fait semblables. Les ancêtres du Fox-Terrier à poil dur sont probablement des Black-and-Tan Terriers, race aujourd'hui éteinte des régions minières de Durham et du Derbyshire, en Angleterre et au Pays de Galles. Plus tard, il a été croisé avec des Fox-Terriers à poil lisse pour améliorer la tête et acquérir la couleur blanche.

Le Fox-Terrier à poil dur est plus populaire que son cousin à poil lisse. Généralement doté d'un bon tempérament et fiable avec les enfants, il est toujours prêt à jouer. Le pelage doit être taillé trois fois par an et entretenu régulièrement.

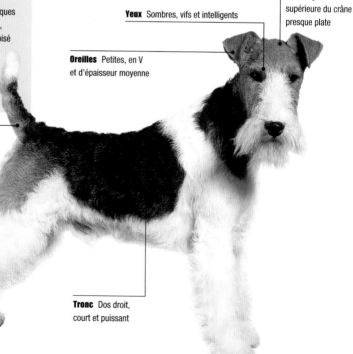

Tête Ligne supérieure du crâne presque plate

Yeux Sombres, vifs et intelligents

Oreilles Petites, en V et d'épaisseur moyenne

Queue Traditionnellement écourtée

Tronc Dos droit, court et puissant

Terrier irlandais

4	3	2	1
4	3	2	1
4	3	2	1
4	3	2	1

Mis à part la couleur vive de sa robe, le Terrier irlandais évoque un Airedale de petite taille. Les Irlandais disent de leur terrier national qu'il s'agit d'un modèle réduit du Wolfhound existant en Irlande depuis des siècles. Le premier enregistrement officiel n'apparaît toutefois qu'en 1875 et il descend plus vraisemblablement d'une race ancienne de terriers noir et feu à poil dur dont la tâche était de chasser les animaux dit « nuisibles ». Une étude des très similaires Welsh et Lakeland-Terriers semble le confirmer. Le Terrier irlandais a dû également recevoir le sang d'un grand Wheaten-Terrier.

Entêté, indépendant, batailleur et courageux, le Terrier irlandais a besoin d'une éducation ferme mais sans brutalité. Gai, affectueux et dévoué, c'est aussi un expert en dératisation et un bon chien de chasse. Son poil doit être taillé deux fois par an et entretenu régulièrement.

Caractères de la race

Classification 3e groupe, section 1, terriers de grande et moyenne taille.

Taille 45 cm environ.

Poids De 11 à 12 kg.

Poil Dur, très dense et rude au toucher.

Robe Unie, de préférence fauve roux vif, roux blé ou orange ; une petite tache blanche sur le poitrail est admise. Du blanc sur les pieds et toute forme d'ombre noire fortement déconseillés.

Tête Longue, plate et étroite entre les oreilles

Oreilles Petites et en V

Yeux Petits, sombres et non proéminents

Queue Épaisse et musculeuse, traditionnellement écourtée

Tronc Profond, musculeux, mais pas trop large

Kerry Blue-Terrier

Soins et entretien

1 2 3 4

1 2 3 4

1 2 3 4

1 2 3 4

Caractères de la race

Classification 3e groupe, section 1, terriers de grande et moyenne taille.

Taille *Mâle* : de 45,5 à 49,5 cm. *Femelle* : de 44,5 à 48 cm.

Poids De 14 à 18 kg.

Poil Doux, soyeux, abondant et très ondulé.

Robe Toute nuance de bleu, avec ou sans extrémités noires ; une petite tache blanche sur le poitrail ne sera pas pénalisée.

Au sud-ouest de l'Irlande, dans le comté de Kerry dont il a pris le nom, ce terrier chassait jadis le blaireau, le renard et la loutre. Cet excellent chien de terrain et bon nageur compte probablement parmi ses ancêtres le Bedlington, le Bull et le Terrier irlandais. Le Wolfhound aurait également apporté sa contribution à la lignée.

À l'origine animal de terrain, le Kerry Blue-Terrier est aujourd'hui essentiellement un animal de compagnie qui se fait apprécier par sa gentillesse et sa douceur avec les enfants. Mais c'est un excellent chien de garde qui peut également faire preuve de beaucoup d'agressivité à l'égard de ses semblables et des autres animaux de compagnie. Son toilettage pour une exposition demande des connaissances expertes et son poil doit être entretenu quotidiennement à la brosse dure et au peigne métallique.

Tête Longue et plate au stop peu marqué et aux mâchoires puissantes

Oreilles En V, de taille petite à moyenne

Queue Implantée haut et portée dressée, traditionnellement écourtée

Yeux Très sombres

Tronc Assez ramassé avec poitrail profond et côtes bien suspendues

Glen of Imaal-Terrier

4	3	2	1
4	3	2	1
4	3	2	1
4	3	2	1

Ce terrier très bas sur pattes est originaire de la vallée de l'Imaal, dans le comté de Wicklow, en Irlande, où il était employé à la chasse aux « nuisibles », entre autres le renard et le blaireau, et engagé dans des combats de chiens. La chasse au blaireau et les combats sont désormais interdits mais ses autres capacités sont toujours exploitées. Bien que figurant dans la nomenclature de la FCI, il reste peu connu en dehors de l'Irlande.

De nos jours, le Glen of Imaal-Terrier est surtout un animal de compagnie et/ou chien de travail dans les fermes irlandaises. Courageux, affectueux, doux avec les enfants et très joueur, il se montre aussi un peu agressif. Un bon brossage quotidien suffira à maintenir le charmant aspect ébouriffé de son poil.

Caractères de la race

Classification 3e groupe, section 1, terriers de grande et moyenne taille.
Taille De 33 à 35 cm.
Poids De 14 à 16 kg.
Poil Mi-long et de texture rude, avec sous-poil doux.
Robe Bleue, bringée ou blé mûr, de toutes nuances.

Tête Assez large et assez longue avec front robuste

Queue Forte à la base, bien implantée, portée gaiement, parfois écourtée

Oreilles Petites, tombantes, dressées en alerte, rejetées en arrière au repos

Yeux Bruns de taille moyenne

Tronc Profond et de longueur moyenne

Caractères de la race

Classification 3ᵉ groupe, section 1, terriers de grande et moyenne taille.
Taille *Mâle* : de 46 à 48 cm.
Femelle : de 43 à 47 cm.
Poids De 15,5 à 20 kg.
Poil Doux et soyeux, sans sous-poil.
Robe D'une belle nuance claire et dorée, couleur du blé en train de mûrir ; marques plus sombres sur les oreilles admissibles. Le blanc et le roux ne sont pas admis.

Soft-Coated Wheaten-Terrier

Comptant parmi les races canines les plus anciennes d'Irlande, le Soft-Coated Wheaten-Terrier est supposé avoir pris part à la création du Terrier irlandais et du Kerry Blue. L'ancêtre de ce dernier se serait en effet accouplé avec des femelles Wheaten locales. Le Soft-Coated Wheaten-Terrier fut développé comme auxiliaire de ferme pour chasser les lapins et les rats.

Bien que créé dans un but utilitaire, c'est en tant qu'animal de compagnie que le Soft-Coated Wheaten-Terrier donne le meilleur de lui-même. Il est doux et dévoué, adorant généralement les enfants. C'est dans la dépense physique qu'il se révélera pleinement. Son poil doit être entretenu régulièrement à l'aide d'un peigne en métal et d'une brosse dure.

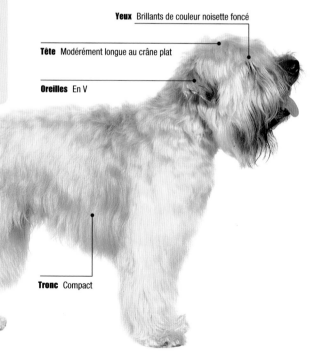

Yeux Brillants de couleur noisette foncé

Tête Modérément longue au crâne plat

Oreilles En V

Queue Traditionnellement écourtée

Tronc Compact

Lakeland-Terrier

Le Lakeland-Terrier vient de la région des lacs située dans le comté anglais du Cumberland. La race est née par croisement de divers terriers, parmi lesquels le Border, le Bedlington, le Dandie-Dinmont et peut-être aussi le Fox-Terrier. Créé à l'origine pour protéger les agneaux des renards dans les troupeaux, c'est un chien de travail efficace ressemblant à un Airedale miniature, assez petit pour suivre ses proies sous la terre.

Le Lakeland-Terrier a su conserver tous ses instincts d'animal de travail mais constitue en outre un excellent chien de compagnie dont la taille est bien adaptée à la vie en intérieur. C'est aussi un bon petit gardien, doux avec les enfants qui demande une dépense assez importante. Son poil nécessite un brossage quotidien et devra être taillé trois fois par an pour participer aux concours de beauté.

Soins et entretien

4	3	2	1
4	3	2	1
4	3	2	1
4	3	2	1

Caractères de la race

Classification 3e groupe, section 1, terriers de grande et moyenne taille.
Taille Ne doit pas excéder 37 cm.
Poids *Mâle* : 7,7 kg.
Femelle : 6,8 kg.
Poil Dense et rude, avec sous-poil isolant.
Robe Noire et feu, bleue et feu, rouge, blé mûr, roux grisé, marron foie, bleue ou noire ; les nuances acajou ou feu vif ne sont pas typiques. Petites terminaisons blanches sur les pieds et sur le poitrail admissibles, mais non souhaitées.

Queue Traditionnellement écourtée, portée gaiement

Tête Crâne aplati

Oreilles En V, de taille moyenne

Yeux Raffinés, noisette ou foncés

Tronc Poitrail assez étroit

Caractères de la race

Classification 3e groupe, section 1, terriers de grande et moyenne taille.

Taille *Mâle* : de 40 à 41 cm.

Femelle : 38 cm.

Poids De 7,5 à 8 kg.

Poil Court, lisse, serré et brillant.

Robe Noir de jais et feu vif.

Terrier de Manchester

Les ancêtres du Terrier de Manchester seraient d'anciens terriers utilisés dans des spectacles de massacre de rats en arène, au XIXe siècle, pour l'amusement des populations pauvres de la région de Manchester. Ce chien posséderait en outre du sang de White-English-Terrier aujourd'hui éteint, de Dachshund, de Whippet et d'Épagneul King-Charles. Le Dobermann et le Petit Lévrier italien auraient également contribué à son développement, d'où le poil lisse et brillant, la robe noire et feu et le dos légèrement arqué du Terrier de Manchester.

Jouissant d'une grande longévité, le Terrier de Manchester voue à son maître un amour exclusif. Excellent compagnon, il s'adapte aussi bien à la vie urbaine que rurale. Un brossage et un bouchonnage quotidiens suffisent à l'entretien de son poil.

Tête Long crâne plat et étroit

Yeux Petits, sombres et brillants

Oreilles Petites et en V

Queue Implantée en bout de courbe du dos

Tronc Poitrail étroit et profond

Terriers

Parson Russell-Terrier

Le Parson Russel-Terrier doit son nom au pasteur Jack Russel qui vivait au XIXᵉ siècle dans le comté du Devon, en Angleterre. Cavalier, juge des races de terriers et membre pionnier du Kennel Club britannique, il développa cette race à partir d'anciens types de terriers à poil dur afin d'obtenir un animal capable de courir aux côtés des chiens courants et de forcer le renard hors de son terrier. Ce petit chien très rustique peut présenter deux types de poil : lisse ou bien dur et cassé.

Excellent terrier de travail, il apprécie également la vie de famille et le confort d'un intérieur. Intelligent, affectueux et facile à dresser, il se montre très vif et excitable, convenant mieux à un maître jeune et actif. Son poil demande peu d'entretien.

Soins et entretien

4   3   2   1

4   3   2   1

4   3   2   1

4   3   2   1

Caractères de la race

Classification 3ᵉ groupe, section 1, terriers de grande et moyenne taille.
Taille *Mâle* : 36 cm environ.
Femelle : 33 cm environ.
Poil Lisse ou bien dur et cassé.
Robe Entièrement blanche ou avec marques feu, citron ou noires, de préférence limitées à la tête et à la racine de la queue.

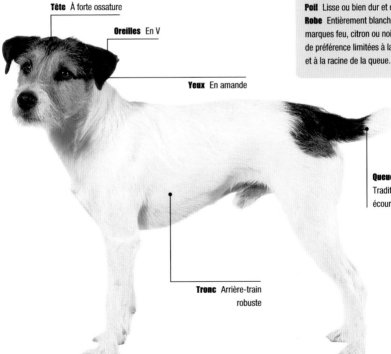

Tête À forte ossature

Oreilles En V

Yeux En amande

Queue Traditionnellement écourtée

Tronc Arrière-train robuste

Border-Terrier

Ce petit chien robuste et attrayant est né au milieu du XIXe siècle dans la région des Borders, située de part et d'autre de la frontière anglo-écossaise, et c'est probablement là qu'on le rencontre encore en nombre le plus élevé. Ses créateurs voulaient en faire un animal assez endurant pour courir avec les meutes lors des chasses mais assez petit pour pénétrer dans les terriers et forcer les renards à en sortir.

Jouissant d'une grande longévité, le plus petit des terriers de travail se révèle un chien de compagnie de premier ordre. Sociable, il est doux avec les enfants et s'adapte bien à des environnements divers, notamment à la ville. Mais ce sportif qui aime courir aura besoin de promenades quotidiennes. Son poil ne demande que de petits brossages de routine et une petite mise en forme avant une exposition.

Soins et entretien

1 2 3 4
1 2 3 4
1 2 3 4
1 2 3 4

Caractères de la race

Classification 3e groupe, section 1, terriers de grande et moyenne taille.
Taille *25* cm.
Poids *Mâle* : de 6 à 7 kg. *Femelle* : de 5 à 6 kg.
Poil Rude et dense, avec sous-poil serré très protecteur.
Robe Rouge, fauve, grise et feu, bleue et feu.

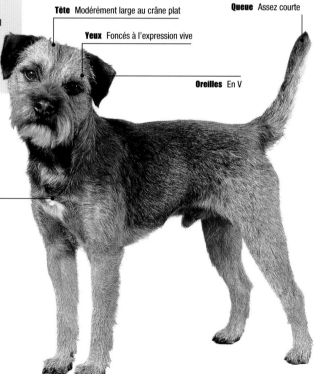

Tête Modérément large au crâne plat

Queue Assez courte

Yeux Foncés à l'expression vive

Oreilles En V

Tronc Profond, étroit et assez long

Terrier gallois

Le Terrier gallois, ou Welsh-Terrier, ressemble de très près
au Lakeland et à l'Airedale. La race se différencia vers la fin du
XVIIIe siècle et deux souches se développèrent au Pays de Galles ;
l'une d'origine celtique à partir de l'ancien Black-and-Tan Terrier
à poil dur, l'autre anglaise par croisement de l'Airedale et du
Fox-Terrier. Il est admis que la souche anglaise est aujourd'hui
éteinte, mais on retrouve des influences Airedale et Fox dans la
forme actuelle, donnant à penser qu'elle a laissé quelques traces.
Le Terrier gallois a longtemps été employé comme chien ratier,
ainsi qu'à la chasse au renard, au blaireau et à la loutre.

Gai et plein de vie, le Terrier gallois est un chien affectueux et
très joueur avec les enfants. Mais son tempérament dominateur
implique un dressage ferme et un maître qui sache s'imposer
comme tel. Il adore l'exercice et son poil devra être taillé au
moins deux fois par an si l'on souhaite le présenter en concours.

Soins et entretien

4	3	2	1
4	3	2	1
4	3	2	1
4	3	2	1

Caractères de la race

Classification 3e groupe, section 1,
terriers de grande et moyenne taille.
Taille 39 cm au maximum.
Poids De 9 kg à 9,5 kg.
Poil Dur, abondant, très serré et rude
au toucher.
Robe Noire et feu de préférence,
également noire, grise et feu ; pas
de marques noires sur les doigts.
Le noir en dessous des jarrets
est indésirable.

Yeux Petits, sombres et bien
implantés

Tête Plate et modérément large
entre les oreilles

Oreilles En V, repliées
vers l'avant

Queue Bien
implantée,
traditionnellement
écourtée

Tronc Court, bien
enveloppé par les côtes ;
membres longs et
musculeux

Cairn-Terrier

Ce populaire petit terrier écossais est utilisé dans son pays natal depuis plus de 150 ans pour chasser les animaux dits «nuisibles». Il doit son nom aux fameux cairns écossais, amas de pierre qui abritent fréquemment ses proies désignées. La race est originaire des West Highlands, où le Skye-Terrier est également bien connu. Dans le passé, les deux semblent d'ailleurs avoir été confondus, le Cairn ayant reçu un temps le nom de Skye-Terrier à poil court.

Ce petit terrier intelligent et vivant, est encore parfaitement capable de chasser les espèces indésirables mais se montre également un chien de compagnie populaire et affectueux. Il est résistant et nécessite beaucoup d'exercice, sachant s'adapter à la plupart des conditions de vie. C'est un chien facile à présenter en concours qui ne demande pour entretien que de simples brossages, peignages et la suppression du poil en excès.

Caractères de la race

Classification 3e groupe, section 2, terriers de petite taille.
Taille De 28 à 31 cm.
Poids De 6 à 7,5 kg.
Poil Abondant, rude mais non grossier, avec sous-poil court, souple et serré; isolant.
Robe Crème, fauve, rouge, grise ou presque noire; bringeures acceptables dans toutes ces colorations. Pas de noir ou de blanc uni, ni de noir et feu; extrémités sombres, comme les oreilles et le museau, très typiques.

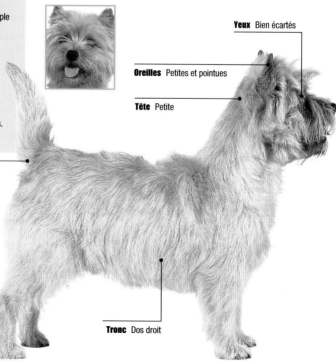

Yeux Bien écartés
Oreilles Petites et pointues
Tête Petite
Queue Courte et équilibrée, bien fournie mais non frangée
Tronc Dos droit

Terrier du Norfolk

Le Terrier du Norfolk était jadis classé avec le Terrier de Norwich. Pourvu d'oreilles tombantes, alors que le second présente des oreilles dressées, les deux était apparus dans la région est de l'Angleterre. On les appelait Terriers de Norwich depuis les années 1880. Probablement issus d'un mélange de Cairn, de Border et de Terrier irlandais, leurs portées comportaient à la fois des jeunes aux oreilles tombantes et aux oreilles dressées. De nos jours encore, la seule différence entre les deux races reste la structure des oreilles.

Sociable, résistant et adorable, il se montre alerte et intrépide mais également doux avec les enfants, faisant preuve d'une humeur égale. C'est donc un bon chien de compagnie pour ceux qui seront prêts à lui assurer l'exercice dont il a besoin. Il appréciera une journée passée à la chasse au lapin ; les cicatrices récoltées sur le terrain ne seront pas pénalisantes pour le classement en concours. Son poil nécessite un brossage quotidien.

Soins et entretien

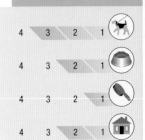

4	3	2	1

Caractères de la race

Classification 3e groupe, section b, terriers de petite taille.
Taille De 25 à 26 cm.
Poids 5 kg environ.
Poil Dur, droit et rude au toucher.
Robe Rouge de toutes nuances, fauve, noire et feu ou grise ; taches et marques blanches indésirables mais admises.

Yeux Profonds, de forme ovale

Tête Crâne large

Oreilles En V, de taille moyenne, légèrement arrondies à l'extrémité

Queue L'écourtage n'est pas obligatoire

Tronc Corps compact

Terrier de Norwich

Depuis 1964, le Terrier de Norwich, aux oreilles dressées, est reconnu comme une race distincte du Terrier du Norfolk aux oreilles tombantes (page ci-contre). La race, vraisemblablement issue d'un croisement de Cairn, de Border et de Terrier irlandais, a pris le nom de la capitale du comté du Norfolk, dans l'est de l'Angleterre, d'où elle est originaire.

À l'origine chien de chasse et de terrain, ce petit terrier est résistant, adaptable et jouit d'une grande vitalité. Très sociable et très doux avec les enfants, il sera un parfait compagnon pour la famille si on lui donne l'exercice dont il a besoin. Un brossage quotidien suffira à entretenir son poil. La préparation à un concours nécessite en revanche une coupe.

Soins et entretien

	1	2	3	4
🐕	1	2	3	4
🥣	1	2	3	4
🪮	1	2	3	4
🏠	1	2	3	4

Caractères de la race

Classification 3e groupe, section 2, terriers de petite taille.

Taille De 25 à 26 cm.

Poids 5 kg environ.

Poil Dur, droit et rude au toucher.

Robe Rouge de toutes nuances, fauve, noire et feu ou grise ; taches et marques blanches indésirables mais admises.

Yeux Petits, sombres et ovales

Tête Museau fort, en forme de coin

Oreilles Dressées et bien écartées au sommet du crâne

Queue L'écourtage n'est pas obligatoire

Tronc Dos court

Dandie Dinmont-Terrier

Développé à l'origine pour la chasse au blaireau et au renard, le Dandie Dinmont-Terrier est généralement considéré comme un cousin du Skye-Terrier. Dans un roman publié en 1814, Walter Scott dépeint un personnage nommé Dandie Dinmont, fermier de son état et possédant précisément une meute de ces mêmes petits chiens. C'est ainsi que la race fut appelée Dandie Dinmont's Terrier (le Terrier de Dandie Dinmont), puis Dandie Dinmont-Terrier.

Rustique, robuste et dynamique, il joue aujourd'hui essentiellement le rôle d'animal de compagnie. C'est un chien affectueux, joueur et intelligent, pour peu qu'il soit le seul animal de la maison. Il demande beaucoup d'exercice. Une brosse dure et un peigne suffiront à soigner son pelage, qui devra être débarrassé occasionnellement des poils en surplus.

Soins et entretien

4	3	2	1	
4	3	2	1	
4	3	2	1	
4	3	2	1	

Caractères de la race

Classification 3e groupe, section 2, terriers de petite taille.
Taille De 20 à 27,5 cm.
Poids De 8 à 11 kg.
Poil Sous-poil doux et pelucheux ; poils de garde plus rudes, non durs et semblant crépus au toucher.
Robe Poivre (du noir bleuté au gris argenté pâle), ou moutarde (de brun rouge à fauve pâle).

Yeux Noisette foncé

Tête Forte mais proportionnée à la taille du chien

Oreilles Pendantes

Queue Effilée

Tronc Corps long, robuste et souple

Terrier écossais

Soins et entretien

1 2 3 4

1 2 3 4

1 2 3 4

1 2 3 4

Caractères de la race

Classification 3e groupe, section 2, terriers de petite taille.

Taille De 25 à 28 cm.

Poids De 8,5 à 10,5 kg.

Poil Dur, dense et rêche, avec un sous-poil court, doux et dense.

Robe Noire, fauve ou bringée de toutes nuances.

Le Terrier écossais, Scottish-Terrier ou Scottie, était jadis appelé Aberdeen-Terrier, d'après la ville d'Écosse du même nom. Comme le Cairn, il a été élevé pour chasser les « nuisibles ». La race existe depuis des siècles, au cours desquels elle a connu des formes très diverses. C'est à la fin du XIXe siècle qu'elle fut exposée en compagnie des Skye, Dandie Dinmont et West-Highland White Terriers, sous l'appellation de Scotch-Terrier.

Le Scottie réserve son affection à une ou deux personnes au maximum, l'idéal étant pour lui des maîtres sans enfant. Son comportement est sûr mais il se montre très peu accueillant vis-à-vis des intrus. À la fois sportif, casanier et indépendant, il aime marcher et adore jouer à la balle. Son poil doit être brossé quotidiennement. Sa barbiche nécessite un brossage et un peignage doux. Son pelage doit être taillé deux fois par an.

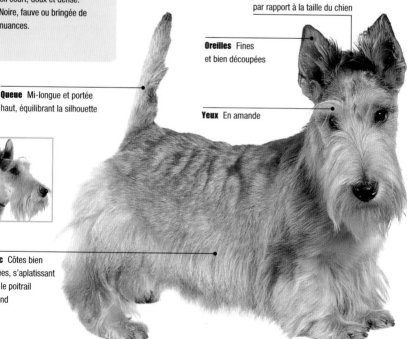

Tête Allongée mais non disproportionnée par rapport à la taille du chien

Oreilles Fines et bien découpées

Queue Mi-longue et portée haut, équilibrant la silhouette

Yeux En amande

Tronc Côtes bien galbées, s'aplatissant sous le poitrail profond

Terrier de Sealyham

Freeman Lloyd, un cynologue anglais qui fait autorité en matière de Terriers de Sealyham, fait remonter la race au XVᵉ siècle, quand une famille du nom de Tucker importa au Pays de Galles un petit terrier blanc au dos long d'origine flamande. L'un des descendants de cette famille voulut créer un auxiliaire capable de chasser en meute avec les chiens courants et de participer au déterrage des blaireaux, pratique désormais illégale en Grande-Bretagne. Dans les années 1880, il développa donc le Terrier de Sealyham, à partir de diverses races de terriers. Ce chien prit le nom du village où il vit le jour.

Le Terrier de Sealyham est aussi bon sujet de concours que chien de compagnie. Doux avec les enfants, il est parfois agressif avec les autres chiens. Son poil nécessite des brossages réguliers. Pour un concours, il devra subir un toilettage pour lequel il est préférable de demander l'avis d'un expert.

Soins et entretien

4 3 2 1

4 3 2 1

4 3 2 1

4 3 2 1

Caractères de la race

Classification 3ᵉ groupe, section 2, terriers de petite taille.
Taille 31 cm au maximum.
Poids *Mâle* : 9 kg.
Femelle : 8 kg.
Poil Long, dur et raide, avec sous-poil isolant.
Robe Entièrement blanche, ou bien portant des marques citron, brunes, bleues ou charbonnées sur la tête et les oreilles. Trop de noir ou un mouchetage très marqué ne sont pas souhaitables.

Tête Légèrement arrondie

Yeux Sombres, bien implantés

Oreilles De taille moyenne

Queue Implantée dans le prolongement de la ligne du dos et portée dressée, traditionnellement écourtée

Tronc De longueur moyenne

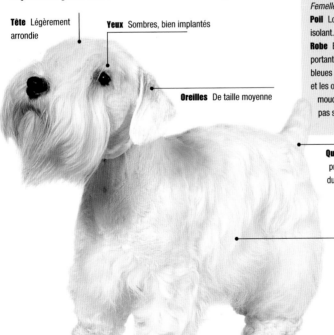

Terrier de Skye

Soins et entretien

1 2 3 4

1 2 3 4

1 2 3 4

1 2 3 4

Caractères de la race

Classification 3e groupe, section 2, terriers de petite taille.

Taille De 25 à 26 cm.

Poids De 10 à 12 kg.

Poil Long, droit et rude, plaqué et non bouclé ; sous-poil laineux court, serré et doux.

Robe Noire, gris clair ou foncé, fauve ou crème ; oreilles et bout du museau noirs.

Le Terrier de Skye s'est développé à partir de petits chiens élevés en Écosse pour la chasse sous terre des blaireaux, renards, loutres et lapins. Les meilleurs de ces terriers « de terre » étaient originaires, disait-on, de l'île de Skye. Longtemps, le Skye et le Cairn furent considérés comme une seule race, le Cairn étant alors appelé Skye à poil court. Le plus célèbre des Terriers de Skye fut, dans les années 1850, Greyfriars Bobby. Lorsque son maître mourut et fut enterré dans le cimetière de Greyfriar's Church, à Édimbourg, Bobby resta sur sa tombe durant 14 ans, jusqu'à sa propre mort, ne la quittant que pour se rendre au café qu'il avait fréquenté avec son maître, où on lui offrait à manger. Une statue située près de Greyfriar's Church commémore sa fidélité.

Le Skye-Terrier est un chien plutôt suspicieux, ne témoignant guère d'intérêt aux personnes qui n'appartiennent pas au cercle familial. Son pelage long et magnifique nécessite un entretien considérable, d'autant que l'animal apprécie particulièrement les promenades dans la nature.

Tête Longue et puissante

Yeux Bruns, foncés de préférence

Oreilles Dressées ou pendantes

Queue Tombante, sa partie supérieure est pendante et sa partie inférieure est recourbée ; dressée, elle semble prolonger la ligne du dos

Tronc Long et bas, à dos droit

West-Highland White Terrier

Comme les autres petits terriers écossais, le West-Highland White Terrier, ou Westie, a été classé un temps avec le Cairn et le Skye sous l'appellation de Petit Terrier de travail des Highlands, et était destiné à la chasse aux « nuisibles ». Mais il a également connu bon nombre d'autres dénominations. Ainsi, à la fin du XIXe siècle, il existait une souche de terriers blancs écossais détenue par le colonel Malcolm de Poltalloch et dénommée Poltalloch-Terrier. Une illustration de l'époque nous révèle que ces animaux n'étaient guère différents du Westie d'aujourd'hui.

D'autres chiens de ce type étaient également appelés Roseneath-Terriers ou White-Roseneath-Terriers et, dans un document publié en 1899, étaient classés comme sous-variété du Terrier écossais. Aujourd'hui, le Westie compte, dans le monde entier, parmi les chiens de pure race les plus populaires.

Courageux et résistant, le Westie est aussi un chien de caractère, facile à dresser à condition d'être ferme dès le début. Il s'entend bien avec les enfants et fait un bon animal de compagnie, tant pour la ville que la campagne. Des brossages réguliers permettent d'entretenir son poil blanc, mais une coupe et un toilettage seront nécessaires pour participer à un concours. Il est recommandé de demander conseil sur ce point à l'éleveur.

Avec ses petites oreilles bien droites et son bout de truffe noire qui lui donnent un air malin, le « Westie » reste un courageux petit terrier très à l'aise sur le terrain. À sa grande époque de chasseur, il se distinguait mieux du gibier

Tête Légèrement arrondie

Yeux Bien écartés

Queue De 12,5 à 15 cm de long

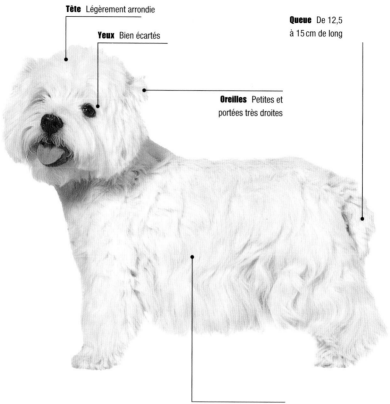

Oreilles Petites et portées très droites

Tronc Compact au dos droit avec des reins larges et puissants

Caractères de la race

Classification 3e groupe, section 2, terriers de petite taille.
Taille *Mâle* : 28 cm environ.
Femelle : 25 cm.
Poids De 7 à 10 kg.
Poil Rude et non bouclé, avec un sous-poil court et doux formant une fourrure.
Robe Blanc pur.

Soins et entretien

1   2   3   4

1   2   3   4

1   2   3   4

1   2   3   4

Terrier tchèque

Le Terrier tchèque, ou Czesky-Terrier, est peu connu en dehors de son pays d'origine, la République Tchèque. Il fut développé vers le milieu du XXe siècle par croisement du Terrier écossais, du Sealyham et peut-être d'autres races de terriers. C'est un petit chien court sur pattes, robuste et trapu, capable de pénétrer sous terre pour chasser ses proies, se montrant en outre excellent ratier et chien de garde.

Bon animal de travail, le Terrier tchèque jouit d'un tempérament égal qui en fait un excellent compagnon pour les enfants. Il lui faut beaucoup d'exercice. Ceux qui souhaitent le présenter en concours doivent envisager une préparation experte. Les autres se contenteront d'une visite occasionnelle au salon de toilettage et d'un bon brossage quotidien.

Soins et entretien

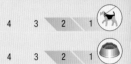

4 3 2 1

4 3 2 1

4 3 2 1

4 3 2 1

Caractères de la race

Classification 3e groupe, section 2, terriers de petite taille.
Taille De 27 à 35 cm.
Poids De 6 à 9 kg.
Poil Fin et soyeux, avec une tendance à boucler.
Robe Gris-bleu ou brune avec marques claires.

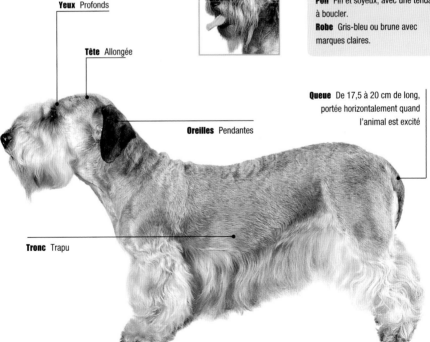

Yeux Profonds

Tête Allongée

Oreilles Pendantes

Queue De 17,5 à 20 cm de long, portée horizontalement quand l'animal est excité

Tronc Trapu

Terrier australien

Soins et entretien

	1	2	3	4
	1	2	3	4
	1	2	3	4
	1	2	3	4

Caractères de la race

Classification 3e groupe, section 2, terriers de petite taille.
Taille 25 cm environ.
Poids De 3,6 à 6,3 kg.
Poil Droit, rude, long et dense, avec sous-poil court et doux.
Robe – Bleue, bleu acier ou bleu-gris sombre avec feu intense sur la face, les oreilles, sous le corps, sur le bas des membres et autour de l'anus; touffe crânienne bleue ou argentée, de teinte plus claire que les membres.
– Sable clair ou rouge; charbonnures ou zones sombres indésirables; touffe crânienne de teinte plus claire.

Le Terrier australien est souvent pris pour un grand Terrier du Yorkshire. Il est en effet le résultat d'un croisement entre une chienne Yorkshire et un chien ressemblant à un Cairn. Lorsque la race fut présentée pour la première fois à Sydney en 1899, elle existait depuis 20 ans environ et ses représentants jouissaient déjà d'une réputation de chasseurs de « nuisibles » incomparables, capables même de se débarrasser des serpents.

Créé d'abord pour la chasse, le Terrier australien est de plus en plus populaire, tant en concours que comme simple animal de compagnie. C'est un chien robuste, alerte, intelligent, affectueux et fidèle envers les siens. Son poil isolant permet de l'installer en chenil à l'extérieur, mais la plupart des maîtres préfèrent le garder au foyer. Un bon brossage quotidien avec une brosse dure suffit à son entretien.

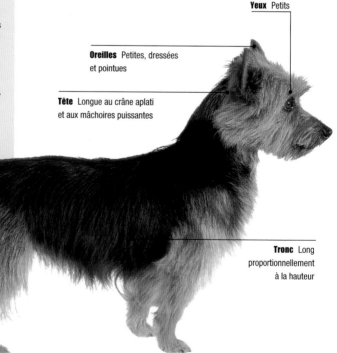

Yeux Petits

Oreilles Petites, dressées et pointues

Tête Longue au crâne aplati et aux mâchoires puissantes

Queue Implantée haut, traditionnellement écourtée

Tronc Long proportionnellement à la hauteur

Les toys ou races miniatures

Affenpinscher

L'Affenpinscher est le plus petit membre du groupe des Pinschers et Schnauzers. Son nom allemand, qui signifie « pinscher singe », est dû à sa face qui rappelle celle de certains singes. En France, on l'appelle aussi parfois le « Diablotin à moustaches ». Ce chien ressemble beaucoup au Griffon bruxellois sans que l'on sache lequel des deux a contribué à la création de l'autre.

Ce chien miniature au poil ébouriffé dispose d'une vive intelligence et se montre très exubérant, affectueux à l'excès avec les siens. Parfaitement adapté à la vie en appartement, il n'en constitue pas moins un excellent chien de garde et un chasseur de rats très efficace. Son poil épais tirera profit de brossages quotidiens.

Soins et entretien

4	3	2	1
4	3	2	1
4	3	2	1
4	3	2	1

Caractères de la race

Classification 2e groupe, section 1, chiens de type Pinscher et Schnauzer.
Taille De 25 à 30 cm.
Poids De 4 à 6 kg.
Poil Épais et rêche au toucher.
Sur la tête, poil le plus raide possible en mèches dressées.
Robe Noir pur avec sous-poil noir.

Yeux Brillants, ronds et noirs

Tête Mâchoire légèrement prognathe

Oreilles Petites, attachées haut, dressées de préférence, mais admises à demi rabattues

Queue Implantée haut, écourtée aux deux tiers de sa longueur

Tronc Dos droit et court

Bichon maltais

Caractères de la race

Classification 9e groupe, section 1, bichons et apparentés.

Taille *Mâle* : de 21 à 25 cm.
Femelle : de 20 à 23 cm.

Poids De 3 à 4 kg.

Poil Long, brillant et droit, soyeux.

Robe Blanche. Légères marques citron autorisées sur les oreilles.

Membre de la famille des bichons, ce petit chien blanc est l'une des plus vieilles races européennes. Présent sur l'île de Malte depuis des siècles, il est parvenu, par l'intermédiaire des commerçants maltais, jusqu'en Chine et aux Philippines. Toutefois, vers l'an 25, l'historien grec Strabon rapporte « qu'il existe en Sicile une ville du nom de Melita d'où sont exportés en grand nombre des chiens magnifiques appelés *Canis Melitei* », soulignant pour cette race l'éventualité d'ancêtres italiens.

Établi de longue date, le Bichon maltais a été dépassé en popularité par d'autres races miniatures et on ne le rencontre plus guère aujourd'hui en dehors des cercles cynophiles. Il s'agit pourtant d'un petit chien gai, à la santé robuste, doux avec les enfants et faisant un adorable compagnon. Assez adaptable en ce qui concerne l'exercice, son poil nécessite en revanche des entretiens quotidiens à l'aide d'une brosse dure. Pour la préparation aux concours, il est conseillé de demander avis à l'éleveur.

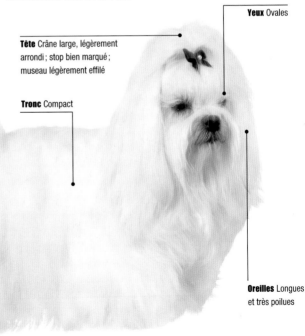

Yeux Ovales

Tête Crâne large, légèrement arrondi ; stop bien marqué ; museau légèrement effilé

Queue Longue et touffue portée recourbée sur le dos

Tronc Compact

Oreilles Longues et très poilues

Petit Chien-Lion

Le Petit Chien-Lion, ou Löwchen, est appelé ainsi parce qu'il est de coutume de le toiletter « en lion » à l'instar du Caniche. Il est vrai qu'ainsi apprêté, avec sa crinière et sa queue à l'extrémité touffue, l'animal a tout d'un lion miniature. Membre de la famille des bichons, cette race est supposée avoir ses origines dans le Bassin méditerranéen. Présente dans notre pays, ainsi qu'en Espagne depuis la fin du XVIe siècle, elle a probablement été créée par croisement du Bichon maltais, d'épagneuls nains et de petits barbets. C'est elle qui, pense-t-on, a été représentée par Goya (1746-1828) aux côtés de son amie la duchesse d'Albe dans le portrait qu'il réalisa d'elle.

Le Petit Chien-Lion est affectueux, intelligent, populaire dans les cercles cynophiles, mais ne constitue pas une race de compagnie très répandue. Son poil nécessite un brossage quotidien et il est indispensable de prendre l'avis d'un expert pour la présentation en concours.

Soins et entretien

4	3	2	1
4	3	2	1
4	3	2	1
4	3	2	1

Caractères de la race

Classification 9e groupe, section 1.3, bichons ou apparentés.
Taille De 25 à 33 cm.
Poids 6 kg environ.
Poil Assez long, soyeux et ondulé. Pas de sous-poil.
Robe Toutes couleurs ou combinaisons de couleurs autorisées.

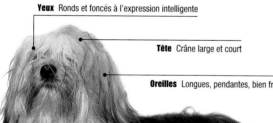

Yeux Ronds et foncés à l'expression intelligente

Tête Crâne large et court

Oreilles Longues, pendantes, bien frangées

Queue De longueur moyenne, taillée en plume

Tronc Court et robuste

Griffon bruxellois

Un sujet ancien de la race est dépeint dans un tableau du peintre flamand Jan Van Eyck dès 1434. Choisi par les cochers de fiacre du XVIIᵉ siècle pour débarrasser leurs étables de la vermine, ce chien au poil dur est devenu animal d'agrément grâce à sa personnalité attrayante. Issus du précédent, le Petit Brabançon et le Griffon belge, au poil ras, doivent probablement leur existence à l'introduction de sang de Carlin. Les Griffons bruxellois, belge et le Petit Brabançon sont considérés en Europe continentale comme trois races distinctes. D'autres races, entre autres les Terriers du Yorkshire et irlandais, ont sans aucun doute contribué à l'élaboration des griffons modernes.

Avec ses manières de terrier, ce petit chien gai et intelligent fait un excellent animal d'agrément. Jamais il n'a eu à souffrir, comme certaines races, d'un excès de popularité et fait un bon compagnon pour toute la famille. Son poil nécessite beaucoup de soin et peut être taillé.

Caractères de la race

Classification 9ᵉ groupe, section 3, chiens belges de petit format.

Taille De 18 à 20,5 cm.

Poids De 3,5 à 6 kg.

Poil Rude et dur, légèrement ondulé avec sous-poil.

Robe Fauve roux ; traces noires tolérées au museau.

Tête Assez grosse comparativement au corps, arrondie mais non bombée

Oreilles Grandes, proéminentes et bien écartées

Yeux Bordés de noir et très foncés

Queue Traditionnellement écourtée et portée haut

Tronc Ramassé ; dos court et droit du garrot à la croupe, jamais échancré ni plongeant

Toy-Terrier anglais

Le Toy-Terrier anglais fut développé à partir du Terrier de Manchester. Ce dernier, race de plus grande taille, avait lui-même été créé sur la base du Terrier noir et feu à poil dur, aujourd'hui éteint, jadis élevé pour prendre part à des massacres de rats, organisés en spectacles pour l'amusement du public. De cet ascendant, le Toy-Terrier anglais a hérité ses qualités de chien ratier. Mais il est possible que le Petit Lévrier italien, voire le Whippet, aient également contribué à sa création.

Étonnamment rare de nos jours en dehors du circuit cynophile, le Toy-Terrier anglais est un chien de compagnie vif, intelligent et affectueux, aussi doux avec les enfants que méfiant avec les étrangers. D'un entretien facile, il ne nécessite qu'un brossage quotidien et un bouchonnage pour rehausser le brillant de son poil. Il est en outre d'une constitution assez robuste, ne nourrissant pas la même aversion pour la pluie que son plus délicat cousin, le Petit Lévrier italien.

Soins et entretien

4	3	2	1	🐕
4	3	2	1	🥣
4	3	2	1	🪮
4	3	2	1	🏠

Caractères de la race

Classification 3e groupe, section 4, terriers d'agrément.
Taille De 25 à 30 cm.
Poids De 2,7 à 3,6 kg.
Poil Épais, serré et brillant.
Robe Noire et feu.

Tête Longue et étroite

Oreilles Dressées en «flamme de bougie» et aux extrémités assez pointues

Yeux De couleur foncée à noire

Queue Épaisse à la base et s'effilant en pointe

Tronc Compact

Terrier du Yorkshire

Soins et entretien

1	2	3	4
1	2	3	4
1	2	3	4
1	2	3	4

Caractères de la race

Classification 3e groupe, section 4, terriers d'agrément.

Taille 20 cm environ.

Poids 3,1 kg au maximum.

Poil Brillant, fin et soyeux.

Robe Bleu acier foncé, non argenté et non mêlé de poils fauves, bronze ou foncés, s'étendant de l'arrière de la tête à la base de la queue ; face, poitrail et bas des membres fauve doré.

Le Terrier du Yorkshire est une race assez récente, développée au cours des cent dernières années dans la région anglaise dont elle a pris le nom. Elle résulte du croisement du Terrier de Skye et du Terrier noir et feu éteint, lui-même précurseur du Terrier de Manchester. Le Bichon maltais et le Dandie Dinmont-Terrier ont peut-être également contribué à son élaboration. On rencontre le Yorkshire aujourd'hui en tailles très diverses, qui font croire souvent qu'il en existe plusieurs variétés. En fait la race a pour seule limite le poids de 3,1 kg à ne pas dépasser, ce qui la place, aux côtés du Chihuahua, parmi les plus petits chiens du monde. Les grands spécimens sont des animaux au caractère heureux et à la santé robuste, excellents compagnons.

Urbain ou rural, le « Yorkie », en bon terrier, est un chien intrépide. Débordant d'affection, il se montre également plutôt autoritaire, ce qu'il faudra juguler par un dressage doux mais ferme. C'est un bon sujet de concours pour ceux qui ont du temps et des moyens à consacrer à son toilettage.

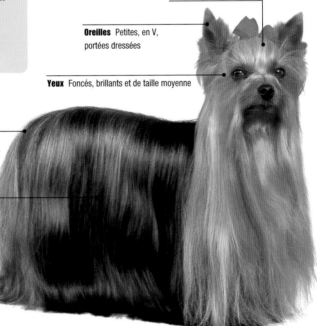

Tête Petite au sommet aplati

Oreilles Petites, en V, portées dressées

Yeux Foncés, brillants et de taille moyenne

Queue Généralement écourtée à mi-longueur

Tronc Compact

Australian Silky-Terrier

Originaire d'Australie, le Silky-Terrier, dont le nom signifie
« terrier de soie », est né d'un croisement entre le Terrier de
Skye et celui du Yorkshire, mais également entre le Yorkshire
et le Terrier australien (ce dernier possédant également dans
les veines du Dandie Dinmont, du Cairn et du Norwich).
Arrivée en Grande-Bretagne dans les années 1930, puis aux
États-Unis dans les années 1950, la race n'a fait son apparition
en France qu'après 1960. C'est d'ailleurs en 1962 que fut publié
son premier standard.

Doté d'un caractère typiquement terrier, le Silky-Terrier
ne renie pas une partie de chasse aux rongeurs mais sait aussi
se comporter en bon chien d'intérieur et offrir à ses maîtres
une grande affection. Il a besoin de beaucoup d'exercice,
et son poil, qui doit être brossé et peigné régulièrement,
requiert énormément d'attention pour participer aux concours.

*Encore peu répandu hors
de l'Australie, le Silky-Terrier
remonte probablement
au Dandie Dinmont, lointain
ascendant qui, au début
du XIXe siècle, aurait contribué
à sa lignée. Contrairement
au Yorkshire, un autre de
ses ancêtres, le long poil
du Silky-Terrier s'arrête
au-dessus du sol, laissant
les pattes apparentes.*

Tête Moyennement allongée

Oreilles Petites et en V

Queue
Traditionnellement
écourtée

Yeux Petits, ronds et foncés

Tronc Petit chien de construction
compacte, au corps légèrement
plus long que haut

Caractères de la race

Classification 3e groupe, section 4,
terriers d'agrément.
Taille *Mâle* : de 23 à 26 cm.
Femelle : légèrement plus petite.
Poids De 3,5 à 5 kg.
Poil Plat, fin et brillant, d'une texture
soyeuse.
Robe Gris bleu argenté à ardoisé,
avec marques feu à la tête, sur la partie
inférieure des membres et sous la queue.

Soins et entretien

	1	2	3	4
	1	2	3	4
	1	2	3	4
	1	2	3	4

Carlin

Il est probable que le Carlin soit originaire de Chine et qu'il représente un cousin très réduit du Dogue du Tibet. Arrivé au cours du XVIᵉ siècle sur des navires de commerce en Hollande, il devint l'un des favoris de la « Maison d'Orange », la famille régnante. Ce chien a dû être introduit en Grande-Bretagne en 1688 par le prince Guillaume d'Orange, qui devint Guillaume III d'Angleterre. Le Carlin devait jouir alors d'un statut des plus enviables. Pourtant, il fallut attendre 1883 pour qu'il reçoive son premier standard. Introduit en France, avant 1790, on raconte que le carlin favori de l'impératrice Joséphine aurait mordu Napoléon lors de leur nuit de noce !

Ce petit chien intelligent, fidèle, sensible et affectueux, possède un caractère enjoué et se montre très doux avec les enfants. Le Carlin n'a pas besoin de se dépenser beaucoup ; il ne faut d'ailleurs pas lui faire prendre d'exercice lorsqu'il fait chaud. Un brossage quotidien et un bouchonnage à l'aide d'un tissu de soie feront briller son pelage.

Soins et entretien

4	3	2	1
4	3	2	1
4	3	2	1
4	3	2	1

Caractères de la race

Classification 9ᵉ groupe, section 11, chiens molossoïdes de petit format.
Taille De 25 à 27,5 cm.
Poids De 6,5 à 8 kg.
Poil Fin, lisse, doux, court et brillant.
Robe Sable argenté, abricot, fauve ou noire ; masque et oreilles noirs et trace noire le long du dos.

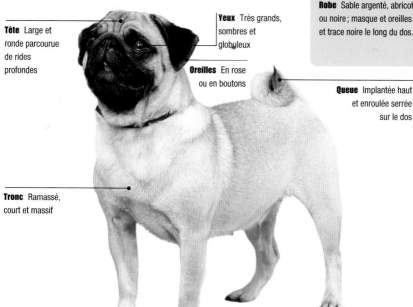

Tête Large et ronde parcourue de rides profondes

Yeux Très grands, sombres et globuleux

Oreilles En rose ou en boutons

Queue Implantée haut et enroulée serrée sur le dos

Tronc Ramassé, court et massif

Loulou de Poméranie

Caractères de la race

Classification Race non reconnue par la Fédération cynologique internationale.
Taille 27,5 cm au maximum.
Poids De 1,5 à 3 kg.
Poil Long, droit et rude, avec sous-poil doux et volumineux.
Robe Toutes colorations autorisées, mais sans marques noires ou blanches ; les couleurs unies sont le blanc, le noir, le brun, le bleu clair ou foncé.

Originaire de la région du cercle polaire Arctique, ce petit chien de type spitz possède les mêmes origines que tous les membres de sa famille. Il est issu de spitz blancs existants en Poméranie, dans le nord de l'Allemagne, vers 1700. Il s'agissait alors d'animaux beaucoup plus gros. La taille de ces chiens devait être réduite par élevage après leur importation en Grande-Bretagne, il y a environ 100 ans. Très prisée par la reine Victoria, la race connut alors un fort engouement.

Le Loulou de Poméranie semble s'être taillé une réputation de chien d'agrément pour vieilles dames. Il est certes parfait dans ce rôle, appréciant qu'on lui témoigne beaucoup d'attention. Mais c'est aussi un chien très vivant et robuste. Affectueux et fidèle, il est très doux avec les enfants et constitue un délicieux animal de compagnie. C'est également un très bon sujet de concours pour ceux qui ont du temps à consacrer à l'entretien de son double poil, qui doit être brossé tous les jours avec une brosse dure et taillé régulièrement.

Oreilles Dressées, ni attachées trop bas, ni trop écartées

Tête Aux lignes douces

Queue Implantée haut, portée retournée sur le dos

Tronc Court et compact

Yeux De taille moyenne

Epagneul nain continental

L'Épagneul nain continental est reconnu par la FCI sous deux formes : le Papillon, aux grandes oreilles dressées, et le Phalène, aux oreilles tombantes. Le Papillon a souvent été confondu avec le Chihuahua à poil long, à la création duquel il a contribué. En fait, l'Épagneul nain continental est une race franco-belge dont on trouve des traces dès le XIVe siècle dans les Flandres sous la forme du Phalène, et qui fut très appréciée des aristocrates. Le Papillon est une variété plus récente apparue au XIXe siècle.

L'Épagneul nain continental est un chien vif et intelligent, équilibré et obéissant, facile à dresser, très sensible et affectueux. Généralement de santé robuste, il s'est révélé un excellent sujet de concours d'obéissance. Son poil est assez facile à entretenir, ne nécessitant qu'un brossage quotidien pour le faire briller.

Soins et entretien

4	3	2	1	🐕
4	3	2	1	🥣
4	3	2	1	🪮
4	3	2	1	🏠

Caractères de la race

Classification 9e groupe, section 9.
Taille De 20 à 28 cm.
Poids Deux catégories : de 1,5 à 2,5 kg. De 2,5 à 4,5 kg (femelle : 5 kg).
Poil Long et abondant, fluide et de texture soyeuse.
Robe Blanche avec marques de toutes couleurs, excepté marron foie ; tricolore : blanche et noire avec taches feu au-dessus des yeux, dans les oreilles, sur les joues et sous la queue.

Tête Légèrement arrondie

Yeux Noirs et de taille moyenne

Oreilles Grandes et dressées portées à l'oblique (Papillon) ou repliées et tombantes (Phalène)

Queue Longue et frangée

Tronc Assez long et ligne du dos droite

Pékinois

Caractères de la race

Classification 9e groupe, section 8, épagneuls japonais et pékinois.

Taille De 15 à 25 cm.

Poids *Mâle* : 5 kg maximum.
Femelle : 5,5 kg maximum.

Poil Long et droit. Double épaisseur avec poil de garde rude et sous-poil épais. Crinière abondante et queue touffue.

Robe Toutes les robes et marques sont admises et de qualité égale, excepté l'albinos et le marron foie. Pour les robes particolores, les couleurs doivent être bien tranchées.

Les origines du Pékinois remontent au moins à 1 500 ans. Proche cousin du Lhassa-Apso et du Shih-Tzu, on disait qu'il réunissait la noblesse du lion, la grâce et la douceur du ouistiti. Favori de la cour impériale chinoise au XIXe siècle, le Pékinois y était élevé par milliers de sujets dans des conditions extraordinairement privilégiées. La race fit son apparition en Europe après l'attaque du Palais d'Été par l'armée britannique, à Pékin, en 1860. Cinq pékinois impériaux, pris dans les appartements des femmes, furent ramenés en Angleterre.

Chien de caractère, le Pékinois devra être éduqué avec douceur et fermeté. Il est affectueux et intelligent. Petit chien très digne, il ne craint pourtant pas de se salir dans un terrain boueux, auquel cas il faut ensuite lui laver le ventre et les pattes et le sécher. Mais le rôle qu'il préfère est celui d'animal de compagnie. Son poil nécessite un entretien considérable, à la brosse et au peigne.

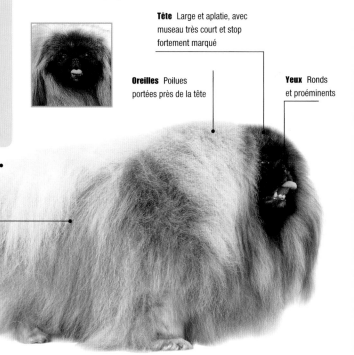

Tête Large et aplatie, avec museau très court et stop fortement marqué

Oreilles Poilues portées près de la tête

Yeux Ronds et proéminents

Queue Implantée haut et recourbée sur le dos

Tronc Court, avec encolure épaisse et poitrail profond

Epagneul japonais

Deux théories s'affrontent quant aux origines de l'Épagneul japonais, ou Chin. L'une affirme qu'il est issu de chiens de type pékinois introduits au Japon par les moines bouddhistes au cours du VIᵉ siècle. L'autre prétend qu'il descend de chiens d'agrément envoyés en cadeau par la Corée en 732 à l'empereur du Japon. L'animal, il est vrai, n'est pas très différent du Pékinois mais présente des membres plus longs et est plus léger. Quoi qu'il en soit, ce petit chien devait rester durant plus de 1 000 ans le favori des empereurs japonais. On dit que les plus petits d'entre eux étaient parfois installés dans des cages suspendues, comme des oiseaux. La race était l'une des favorites de Marie-Antoinette et deux sujets furent offerts en 1853 à la reine Victoria.

Présentant également quelque ressemblance avec le King-Charles, l'Épagneul japonais est plus souvent observé dans les cercles cynophiles que comme simple animal de compagnie. C'est un petit chien attrayant, robuste et doux avec les enfants. Il demande peu d'exercice et son entretien n'est pas contraignant. Un brossage quotidien à l'aide d'une brosse garnie de soies pures suffit. Comme toutes les races à museau plat, il faut éviter de le faire courir par temps chaud, car il pourrait avoir des difficultés à respirer.

L'Épagneul japonais partage probablement quelque ancêtre avec le Pékinois et le Carlin. Idolâtré, comme le Pékinois, par la noblesse de son pays, il est plus haut de pattes que ce dernier et d'une coloration globale plus claire.

Tête Arrondie et assez grosse
proportionnellement à la taille
de l'animal ; museau court

Yeux Grands et sombres

Oreilles Petites
et très écartées

Tronc Carré
et compact

Queue Fournie,
implantée haut et
recourbée sur le dos

Caractères de la race

Classification 9e groupe, section 8,
épagneuls japonais et pékinois.
Taille 25 cm environ.
Poids De 2 à 6 kg.
Poil Abondant, long, soyeux et droit.
Robe Blanche avec grandes taches
noires ou fauve rouge. Jamais tricolore.
Le blanc peut être de toute nuance.
Large liste blanche du museau au
sommet de la tête recherchée.

Soins et entretien

	1	2	3	4
	1	2	3	4
	1	2	3	4
	1	2	3	4

King-Charles

Le King-Charles, ou Épagneul King-Charles, est une race britannique, mais ses origines se situent au Japon, 2000 ans av. J.-C. Son cousin, le Cavalier King-Charles, un peu plus grand et au passé similaire, fut le premier à être apprécié au XVIᵉ siècle à la cour d'Angleterre. Puis, la mode se reporta sur des chiens à museau plat et c'est pour y répondre que le King-Charles vit le jour. On dit que le roi Charles II (1630-1685) était tellement passionné de ces petits chiens, qu'il interrompait ses occupations d'État pour venir les câliner et jouer avec eux. Aujourd'hui encore, en Grande-Bretagne une loi autorise le King-Charles à «aller partout» où bon lui semble.

Le King-Charles est un chien de compagnie délicieux, doux avec les enfants, plein de gaieté, et qui sait adapter sa dépense physique à ses conditions de vie. Il doit être brossé tous les jours à l'aide d'une brosse dure et le tour de ses yeux doit être souvent nettoyé.

Soins et entretien

4	3	2	1
4	3	2	1
4	3	2	1
4	3	2	1

Caractères de la race

Classification 9ᵉ groupe, section 7, épagneuls anglais d'agrément.
Taille 25 cm environ.
Poids De 3,6 à 6,3 kg.
Poil Long, soyeux et droit. De légères ondulations sont admissibles.
Robe – *Noire et feu* : noir corbeau avec marques feu vif au-dessus des yeux, sur les joues, dans les oreilles, sur le poitrail et le dessous de la queue ; marques blanches indésirables.
– *Ruby* : rouge châtaigne vif et uniforme ; marques blanches indésirables.
– *Blenheim* : fond blanc perle avec taches châtaigne vives et bien marquées ; les marques doivent être bien divisées sur la tête, laissant un espace blanc en losange entre les oreilles.
– *Tricolore* : noir et blanc bien espacés, entrecoupés de marques feu au-dessus des yeux, sur les joues, dans les oreilles, sur la face intérieure des pattes et le dessous de la queue.

Tête Crâne haut et très bombé au-dessus des yeux ; stop profond et bien marqué

Yeux Grands et sombres

Queue Touffue portée au-dessus du niveau du dos

Oreilles Attachées bas, longues et bien poilues

Tronc Poitrail large et profond

Cavalier King-Charles

1 2 3 4

1 2 3 4

1 2 3 4

1 2 3 4

Caractères de la race

Classification 9e groupe, section 7, épagneuls anglais d'agrément.

Taille De 25 à 34 cm.

Poids De 5,5 à 8 kg.

Poil Long et soyeux, sans boucles.

Robe – *Noire et feu* : noire avec marques feu vif au-dessus des yeux, sur les joues, la tête, le poitrail et sous la queue ; marques blanches indésirables.
– *Ruby* : rouge châtaigne vif uni ; marques blanches indésirables.
– *Blenheim* : fond blanc perle avec taches châtaigne vives et bien marquées ; losange blanc entre les oreilles.
– *Tricolore* : noir et blanc bien espacés, entrecoupés de marques feu sur la tête, la face intérieure des oreilles et des pattes et le dessous de la queue.

Les ancêtres du Cavalier King-Charles vivaient au Japon, l'animal présentant de nombreuses similitudes avec l'Épagneul japonais. Mais c'est du King-Charles qu'il se rapproche le plus, sa tête est toutefois plus plate entre les oreilles, avec un stop moins profond et un museau plus long que ce dernier. Le Cavalier King-Charles est également un peu plus grand. Apparu plus tôt que son cousin, il fut lui aussi grand favori du roi Charles II d'Angleterre, auquel il doit son nom. De nos jours, le Cavalier King-Charles est l'une des races les plus populaires de Grande-Bretagne.

Avec sa douce nature et son adoration pour les enfants, le Cavalier King-Charles est le parfait compagnon familial. Il aime les longues promenades durant lesquelles il se dépense sans compter. Son poil doit être brossé tous les jours avec une brosse dure.

Yeux Grands et sombres

Tête Crâne plutôt plat

Oreilles Longues, attachées haut

Queue Longue et fournie

Tronc Court mais harmonieux

Chihuahua

Avec un nom emprunté à la région du Mexique dont la forme actuelle est probablement originaire, le Chihuahua est le plus petit chien du monde. Certains voient en lui le chien sacré des Aztèques mais il faut signaler qu'un animal assez semblable semble avoir existé en Égypte il y a quelque 3 000 ans. En effet, en 1910, le zoologiste K. Haddon décrivait les restes momifiés d'un petit chien retrouvé dans un tombeau égyptien, lequel présentait, au niveau du crâne, la fontanelle non fermée caractéristique du Chihuahua. Des chiens de ce type sont également connus à Malte depuis des siècles, où ils sont parvenus en provenance d'Afrique du Nord vers 600 av. J.-C. D'autre part, une fresque de Botticelli réalisée vers 1482 dans la Chapelle Sixtine, à Rome, comporte la représentation d'un animal de compagnie qui ressemble de façon troublante au Chihuahua. Les sujets anciens semblaient toutefois un peu plus gros et avec des oreilles plus grandes que les représentants modernes, qui pourraient résulter d'un croisement avec le Chien chinois à crête. De nos jours, le Chihuahua est reconnu sous deux variétés distinctes : l'une à poil court, l'autre à poil long, cette dernière portant un long pelage souple, soit plaqué, soit ondulé. Jadis, il était de coutume de les croiser et les deux formes pouvaient apparaître indifféremment dans toute portée. Cette pratique est désormais interdite.

Le Chihuahua est un animal d'une extrême intelligence, affectueux et possessif, qui fait un excellent chien de garde en miniature. Il faut d'ailleurs veiller à lui lorsqu'il est dehors car, confronté à d'autres représentants de la gent canine, il a tendance à se croire beaucoup plus gros qu'il ne l'est et à se lancer dans la bataille. Généralement considéré comme chien d'agrément et de salon, beaucoup de maîtres sont surpris par sa capacité à suivre le mouvement lors de longues marches. C'est une race très peu coûteuse à conserver et dont les deux variétés ne réclament guère d'entretien, si ce n'est un petit brossage quotidien à l'aide d'une brosse douce, achevé au peigne.

Chihuahua à poil court

Jadis, il était possible de croiser les deux variétés – à poil long et à poil court – mais cette pratique n'est plus admise.

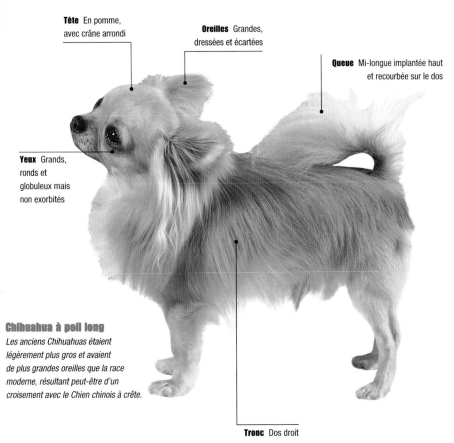

Tête En pomme, avec crâne arrondi

Oreilles Grandes, dressées et écartées

Queue Mi-longue implantée haut et recourbée sur le dos

Yeux Grands, ronds et globuleux mais non exorbités

Chihuahua à poil long

Les anciens Chihuahuas étaient légèrement plus gros et avaient de plus grandes oreilles que la race moderne, résultant peut-être d'un croisement avec le Chien chinois à crête.

Tronc Dos droit

Caractères de la race

Classification 9e groupe, section 6, Chihuahua.
Taille De 16 à 20 cm.
Poids De 1,5 à 3 kg. Les chiens de 500 g à 1,5 kg sont acceptés.
Poil *– À poil long* : long et doux au toucher, avec légères ondulations admises. *– À poil court* : court et dense, doux au toucher.
Robe Toutes couleurs et mélanges admis.

Soins et entretien

	1	2	3	4
	1	2	3	4
	1	2	3	4
	1	2	3	4

Les toys ou races miniatures
Petit lévrier italien

Soins et entretien

4	3	2	1	
4	3	2	1	
4	3	2	1	
4	3	2	1	

Le fait que le Petit Lévrier italien, également appelé Levrette d'Italie, soit un descendant du Greyhound ne fait guère de doute compte tenu de son apparence physique. Mais nous ne disposons pas de données précises sur le lieu et l'époque exacts où la réduction de taille s'est effectuée. Toutefois, la race est probablement très ancienne car des momies de petits lévriers et des représentations picturales très semblables à la forme actuelle ont été découvertes dans les sites égyptiens et romains antiques.

Le Petit Lévrier italien est un affectueux animal d'intérieur, facile à éduquer, perdant rarement son poil et ne dégageant aucune odeur. Délicat et extrêmement sensible, il craint le froid et les mots trop durs. Ses membres se brisent également facilement. Il apprécie beaucoup l'exercice mais, l'hiver, il doit être équipé d'un manteau chaud. Son poil est facile à entretenir, un bouchonnage à l'aide d'un tissu de soie suffisant à le faire briller.

Caractères de la race

Classification 10e groupe, section 3, lévriers à poil court.
Taille De 32 à 38 cm.
Poids 5 kg au maximum.
Poil Ras, fin, soyeux et brillant.
Robe Unicolore noire, grise, gris ardoise, fauve ou beige, avec tout au plus une tache blanche sur le poitrail et au bout des pieds.

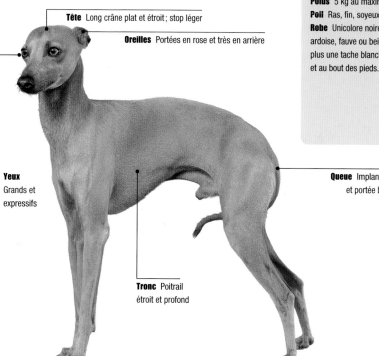

Tête Long crâne plat et étroit ; stop léger

Oreilles Portées en rose et très en arrière

Yeux
Grands et
expressifs

Queue Implantée
et portée bas

Tronc Poitrail
étroit et profond

Pinscher nain

Le Pinscher nain n'est ni un Chihuahua, avec lequel on le confond souvent, ni un Dobermann miniature comme on le croit parfois. C'est en fait une variété réduite du Pinscher moyen, auquel on aurait apporté du sang de Petit Lévrier italien et de Teckel. Il existe depuis plusieurs siècles déjà, comme semble en témoigner une œuvre de 1640 exposée au Louvre et intitulée *La Famille paysanne*, sur laquelle est représenté un chien très similaire.

Le Pinscher nain possède une très attrayante démarche de type hackney, où les membres sont levés haut et leur mouvement enroulé. C'est un compagnon idéal pour la ville et la campagne, affectueux et intelligent, perdant rarement ses poils. Il aime les travaux d'obéissance et l'exercice, suivant souvent une piste odorante. Il est facile à entretenir, réclamant seulement un brossage quotidien et un bouchonnage à l'aide d'un tissu de soie ou une peau de chamois pour faire briller son pelage.

Caractères de la race

Classification 2e groupe, section 1, chiens de type pinscher-schnauzer.

Taille De 25 à 30 cm.

Poids De 4 à 6 kg.

Poil Ras et bien fourni, dur et lisse.

Robe – *Unicolore* : Rouge cerf, rouge-brun à rouge-brun foncé. – *Noire et feu* : noire avec marques feu aussi foncées que possible et nettement découpées sur les joues, les babines, la mâchoire inférieure, la gorge, le poitrail, sous forme de deux points au-dessus des yeux, ainsi que l'extrémité des membres et la région anale.

Tête Crâne étroit et effilé

Oreilles Attachées haut, droites ou repliées mais coupées (pratique qui devrait disparaître)

Queue Implantée haut, dans l'alignement du dos, et écourtée

Yeux Sombres et brillants

Tronc Carré et compact

Chien chinois à crête

On dit du Chien chinois à crête qu'il aurait été créé en Chine puis emporté vers l'Amérique du Sud par voie maritime il y a des siècles. Mais cette origine est contestée par certains cynologues qui pensent qu'il est né en Turquie ou en Éthiopie. D'autres avancent qu'il pourrait être le résultat d'un croisement entre le Chien nu mexicain et le Chihuahua. Son passé reste donc pour le moins obscur. Le Chien chinois à crête ne porte pas de pelage, à l'exception d'une crinière souple sur la tête, d'une touffe au bout de la queue et de quelques poils sur la partie inférieure des membres. On voit toutefois apparaître dans presque chaque portée quelques chiots poilus donnant des adultes au pelage luxuriant et ressemblant à de petits chiens de berger. Ils constituent une variété dénommée « Houppette » ou « à poil vaporeux » qui est reconnue par la Fédération cynologique internationale et peut être présentée en concours aux côtés de la variété nue.

Chien chinois à crête variété Houppette
Il doit son nom à son poil très duveteux et dont le poids fait retomber ses oreilles vers l'avant.

Ce petit chien affectueux est un excellent compagnon pour ceux qui savent apprécier sa bonne nature et son exubérance. Souvent hyper-actif, sans cesse en train de jouer, il mange beaucoup car il doit compenser sa perte de chaleur due à son manque de poils, sa température augmentant nettement au toucher après un repas. Ses rations doivent d'ailleurs être augmentées durant les mois d'hiver. Ses pattes sont capables de saisir des objets dans un geste assez humain et éminemment sympathique. L'entretien idéal consiste en un bain toutes les trois semaines environ, suivi d'un massage de la peau avec une crème. Pour une présentation en concours, les moustaches et les poils épars sur le corps doivent être supprimés. Cette race peut s'adapter aux climats chauds ou froids mais ne doit jamais être installée en chenil à l'extérieur et doit être protégée contre les coups de soleil.

Oreilles Longues, fines et dressées, attachées bas, parfois frangées

Tête Et crâne légèrement arrondis au stop moyen

Yeux Sombres

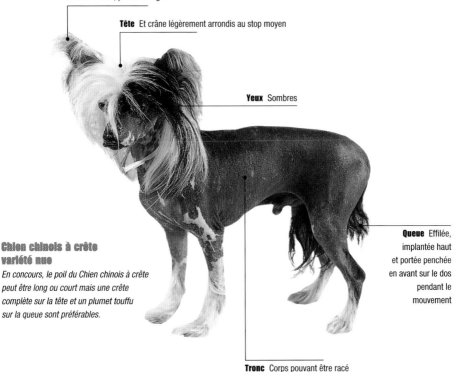

Chien chinois à crête variété nue

En concours, le poil du Chien chinois à crête peut être long ou court mais une crête complète sur la tête et un plumet touffu sur la queue sont préférables.

Queue Effilée, implantée haut et portée penchée en avant sur le dos pendant le mouvement

Tronc Corps pouvant être racé et d'ossature fine, ou bien plus massif

Caractères de la race

Classification 9e groupe, section 4, chiens nus.

Taille *Mâle* : de 28 à 33 cm.
Femelle : de 23 à 30 cm.

Poids Moins de 5,5 kg.

Poil – *Variété nue* : touffes de longs poils doux seulement sur la tête, le bas des pattes et le bout de la queue.
– *Variété Houppette* : double, avec poils de garde longs et droits faisant comme un voile et sous-poil doux et soyeux.

Robe Toutes couleurs ou combinaisons.

Soins et entretien

	1	2	3	4
	1	2	3	4
	1	2	3	4
	1	2	3	4

Les numéros de pages en *italiques* renvoient aux illustrations.

A

Aberdeen-Terrier *voir* Terrier écossais
Affenpinscher 18, 33, 198, *198*
Airedale-Terrier 23, 129, 172, *172*, 178, 180, 184
Akita 65, *65*
Alimentation 9, 20
Australian Silky-Terrier 204-205, *204-205*

B

Barbet 48, 49
Barzoï 15, 89, 163, *163*
Basenji 141, *141*
Basset
　artésien normand 152
　fauve de Bretagne 154, *154*
　Griffon vendéen 154
Basset-Hound 152, *152*
Beagle 13, *13*, 16, 18, 19, 153, *153*, 174
Bearded Collie 84, *84*
Bedlington-Terrier 15, 16, 173, *173*
Berger
　allemand 12, *12*, 16, 17, 23, 62, 99, *99*
　belge 100-101, *100-101*
　d'Anatolie 98, *98*
　de Brie 86, 91, *91*
　de la Maremme et des Abruzzes 81, *81*
　de Russie méridionale 86
　des Shetland 16, 87, *87*
Biberhund 31
Bichon 48, 199, 200
　à poil frisé 23, 48, *48*
　maltais 199, *199*, 203, 208
Bobtail 18, 19, 86, *86*
Border Collie 85, *85*

Border-Terrier 15, 180, 183, *183*, 186, 187
Bouledogue
　anglais 26-27, *26-27*
　français 16, 18, 23, 28, *28*
Bouvier
　appenzellois 79, *79*
　australien 92, *92*
　bernois 68, *68*, 78, 79
　des Flandres 31, 32, 82-83, *82-83*
Boxer allemand 58, *58*
Braque
　allemand à poil long 128, *128*, 134
　de Weimar 130, *130*, 131
　espagnol 124, 128, 130
　hongrois à poil court 16, 131, *131*
Briquet Griffon vendéen 148
Buhund norvégien 94, *94*
Bulldog 26-27, *26-27*, 56
Bullmastiff 56, *56*
Bull-Terrier 15, 18, 168, *168*, 169, 177
　du Staffordshire 15, 23, 170-171, *170-171*
Bull-Terrier miniature 169, *169*

C

Cairn-Terrier 185, *185*, 186, 187, 189, 191, 192, 195, 204
Caniche 23, 115, 121, 129
　miniature 51, *51*
　moyen 49, *49*, 106, 118
　nain 9, 20, 50, *50*
Carlin 16, 17, 201, 206, *206*, 210
Cavalier King-Charles 213, *213*
Chien
　à loutre 108, 144-145, *144-145*, 172
　chinois à crête 215, 218-219, *218-219*
　　variété Houppette 218, *218*
　courant bernois 150
　courant de Schwyz 150
　courant du Jura 151, *151*
　　variété Bruno 151
　　variété Saint-Hubert 151

courant italien 18, 146, *146*
courant lucernois 150
courant suisse 150, *150*
d'arrêt allemand à poil dur 129, 129
d'arrêt allemand à poil raide 129
d'arrêt de Transylvanie 131
d'arrêt italien à poil dur 133, *133*
d'eau irlandais 15, 49, 106, 118, *118*
d'eau portugais 64, *64*
d'élan norvégien 164, *164*
d'Islande 87, 94
de Canaan 61, *61*
de combat chinois *voir* Shar-Pei
de la Serra Estrela 66, *66*
de Saint-Hubert 13, 17, 119, 127, 130,
    143, *143*, 144, 151, 152
des Goths *voir* Vallhund suédois
du Pharaon 138-139, *138-139*, 140,
    159
Esquimau du Canada 70, *70*
Pariah 61
Chihuahua 15, 17, 208, 214-215, *214-*
    215
Chin *voir* Épagneul japonais
Choisir son chien 8, 20-21
Chow-Chow 12, 12, 16, 17, 18, 40-41,
    40-41
Classification des races 10-11
Clumber Spaniel 111, *111*, 115, 116, 119
Cocker américain 112-113, *112-113*
Cocker anglais 16, 114, *114*, 115
Colley à poil court 88, *88*
Colley à poil long 89, *89*
Concours canin 8
Conformation 14
Contrôle de santé 21, *21*
Czesky Terrier 194, *194*

D

Dalmatien 12, 14, 19, 22, 30, *30*
Dandie Dinmont-Terrier 156, 173, 180,
    188, *188*, 189, 203, 204

Deerhound 160, *160*
Diablotin à moustaches *voir*
    Affenpinscher
Doberman 59, *59*, 181
Dogue
    allemand 19, 32, 57, *57*, 69
    de Burgos 28
    du Tibet 55, *55*, 62, 63, 76, 206

E

Engagement des maîtres 20
Entretien du poil 9, 22-23
Épagneul
    breton 115, 126, *126*, 134
    de Münster 134-135, *134-135*
    japonais 210-211, *210-211*
    King-Charles *voir* King-Charles
    nain continental 208, *208*
    tibétain 46, *46*
Exercice (besoins en) 9, 20

F

Field Spaniel 120-121, *120-121*
Foxhound 127, 128
Fox-Terrier 180, *184*
    à poil dur 175, *175*, 182
    à poil lisse 17, 174, *174*

G

Glen of Imaal-Terrier 178, *178*
Golden Retriever 13, *13*, 15, 105, *105*,
    110
Grand
    Basset Griffon vendéen 148
    Bleu de Gascogne 19, 155, *155*
    Bouvier suisse 78, *78*
    Griffon vendéen 148, *148*, 149
    Spitz 38

Greyfriars Bobby 191
Greyhound 13, 19, 127, 146, 147, 152, 158, *158*, 159, 160, 165
Griffon
  bruxellois 17, 198, 201, *201*
  de Bresse 144
  vendéen 144, 148
Grœnendael *100*, 100-101
Groupes de races 8, 10-11, 12-13

H

Hamiltonstövare 19, 142, *142*
Hovawart 80, *80*
Hungarian Puli 90, *90*

K

Keeshond *voir* Spitz-Loup
Kerry Blue-Terrier 177, *177*
Khortals 129
King-Charles 181, 212, *212*
Komondor 60, 60, 91
Kooikerhondje *voir* Chien hollandais de canardière

L

Laekenois 100-101, *101*
Lakeland-Terrier 18, 176, 180, *180*, 184
Lancashire Heeler 93, *93*
Leonberg 63, *63*
Lévrier
  afghan 17, 165, *165*
  écossais 160, *160*
  irlandais *voir* Wolfhound
Lhasa-Apso 18, 45, *45*, 209
Loulou de Poméranie 13, *13*, 38, 39, 207, *207*
Löwchen *voir* Petit Chien-Lion

M

Malamute d'Alaska 18, 70, 71, *71*
Malinois 100-101, *101*
Mastiff 54, *54*, 66
Molosse (d'Épire) 26, *55*, 57, 68, 69, 78
Montagne des Pyrénées *voir* Chien de Montagne des Pyrénées

N

Norfolk Spaniel 116
Norsk Elghund *voir* Chien d'élan norvégien 164

O

Oreilles 16, *16*

P

Papillon 208, *208*
Parson Russell-Terrier 182, *182*
Pékinois 8, 15, 16, 209, *209*
Petit
  Basset Griffon vendéen 148 149, *149*
  Chien-Lion 8, 200, *200*
  lévrier italien 181, 202, 216, *216*, 217
  Terrier de travail des Highlands *voir* West-Highland White Terrier
Phalène 208
Pinscher
  allemand à poil dur 31
  nain 217, *217*
  Podenco d'Ibiza 140, *140*
Poil 22-23
Pointer 127, *127*
Poltalloch-Terrier *voir* West-Highland White Terrier
Puli *voir* Hungarian Puli

Q

Queue 18, *18*

R

Retriever
  à poil bouclé 106, *106*, 108, 118
  à poil ondulé *voir* Retriever à poil plat
  à poil plat 107, *107*, 108
  de la baie de Chesapeake 108-109, *108-109*
  de la Nouvelle-Écosse 110, *110*
  du Labrador 18, 104, *104*
Rhodesian Ridgeback 147, *147*
Robe 19, *19*
Rottweiler 12, *12*, 59, 62, *62*, 68

S

Saint-Bernard 8, 54, 63, 66, 68, 69, *69*
Saluki 13, 162, *162*
Samoyède 70, 72, *72*
Schipperke 15, 34-35, *34-35*
Schafer Pudel 31
Schnauzer 23
  géant 32, *32*
  moyen 31, *31*
  nain 33, *33*
Scottie *voir* Terrier écossais
Scottish-Terrier *voir* Terrier écossais
Segugio Italiano *voir* Chien courant italien
Setter
  anglais 19, 122, *122*
  Gordon 89, 122, 123, *123*, 124
  irlandais rouge 19, 124, *124*, 125
  irlandais rouge et blanc 122, 125, *125*, 126
Shar-Pei 43, *43*
Sheltie *voir* Berger des Shetland
Shiba 42, *42*
Shih-Tzu 44, *44*, 45, 46, 209
Siberian Husky 70, 73, *73*

Silky-Terrier *voir* Australian Silky-Terrier
Soft-coated Wheaten-Terrier 19, 176, 179, *179*
Spitz
  allemand 38, *38*, 39
  finlandais 18, 37, *37*
  japonais 39, *39*
Spitz-Loup 36, *36*
Springer
  anglais 15, 115, 116-117, *116-117*, 131, 134
  gallois 115, *115*
Standard de race 8
Stöber 156
Sussex Spaniel 119, *119*

T

Teckel 17, 150, 154, 156-157, *156-157*, 181, 217
  à poil dur 156, *157*
  à poil long 156, *156*
  à poil ras 156, *156*
  Kaninchen 156-157
  nain 156-157, *156-157*
  standard 156-157, *156-157*
Ténériffe 48
Terminologie 14, *14*
Terre-Neuve 63, 67, 68, 69, 76-77, *76-77*, 108
Terrier
  australien 195, *195*
  de Boston 23, 29, *29*
  de Manchester 181, *181*
  de Norwich 187, *187*, 204
  de Sealyham 190, *190*, 194
  de Skye 185, 188, 189, 191, *191*, 192, 203, 204
  du Norfolk 186, *186*
  du Yorkshire 195, 203, *203*, 204
  écossais 189, *189*, 192, 194
  gallois 184, *184*
  irlandais 16, 176, *176*, 177, 186, 187, 201

noir et feu à poil dur 202
tchèque 194, *194*
tibétain 47, *47*
Tervueren 100-101, *101*
Tête 15, *15*
Toilettage 9, 22-23
Toy-Terrier anglais 202, *202*

V

Vallhund suédois 19, 95, *95*

W

Welsh Corgi 95
    Cardigan 19, 97, *97*
    Pembroke 96, *96*
West-Highland White Terrier 13, *13*, 15,
    189, 192-193, *192-193*
Westie *voir* West-Highland White Terrier
Whippet 159, *159*, 173, 181
White-English-Terrier 181
Wolfhound 161, *161*, 176, 177

Y

Yakkin 87
Yeux 17, *17*

Remerciements

Quarto souhaite remercier tous les possesseurs de chiens qui nous ont aimablement autorisés à photographier leurs animaux et à reproduire leur photographie dans cet ouvrage. Toutes les photographies sont sous copyright Quarto.